KB174354

열린 소통
성공 대화

열린 소통 성공 대화

© 윤세민, 2023

1판 1쇄 인쇄__2023년 03월 20일
1판 1쇄 발행__2023년 03월 30일

지은이__윤세민
펴낸이__홍정표
펴낸곳__글로벌콘텐츠
　　　　등록__제25100-2008-000024호

공급처__(주)글로벌콘텐츠출판그룹
　　　　대표_홍정표 이사_김미미 편집_임세원 강민욱 백승민 문방희 권군오 기획·마케팅_이종훈 홍민지
　　　　주소__서울특별시 강동구 풍성로 87-6
　　　　전화__02) 488-3280 팩스__02) 488-3281
　　　　홈페이지__http://www.gcbook.co.kr
　　　　이메일__edit@gcbook.co.kr

값 16,000원
ISBN 979-11-5852-385-5　03190

열린 소통 성공 대화

윤세민 지음

글로벌콘텐츠

프롤로그

'열린 소통, 성공 대화'로 성공과 행복을 열자!!

살아온 세월이 제법 되는 나이가 되었다. 그러면서 새삼 삶의 의미와 목적 그리고 진정한 성공과 행복 등을 성찰하게 되곤 한다.

젊어서는 자신감과 용감함의 갑옷을 두르고 세상을 품었다. 아니 내려다보았다. 치기 어렸다. 중년을 지나면서 그 치기를 서서히 내려놓으니, 세상이 제대로 보이기 시작했다. 그러면서 삶의 의미와 목적 그리고 진정한 성공과 행복 등을 제대로 성찰하게 된 것이다.

그 성찰 중에 얻은 결론 하나가 바로 '소통'과 '대화'였다. 뭐든지 시원하게 그리고 여유롭게 열려 있는 것이 소통이다. 열려 있어야 받아들일 수 있다. 내가 진정으로 내 자신과, 가족과, 친구와,

이웃과, 세상과 소통할 때 비로소 인생의 성공과 행복이 열리는 것이다.

'대화'는 소통을 하기 위한 인간의 수단이다. 인간 커뮤니케이션의 기본이 대화이다. 제대로 말하고 제대로 들어야, 제대로 주고받아야 소통이 된다. 즉, 대화를 통해 소통을 제대로 해야 하는 것이다.

따라서 소통과 대화는 따로 떼어서 볼 것이 아니라, 하나의 연결 개념으로 상정할 때 제대로 된 소통과 대화를 하게 되는 것이다. 그래서 우리가 소통과 대화를 제대로 생각하고 깨닫고 배워서 우리 삶에 실제적으로 적용할 때 그만큼 우리 삶의 성공과 행복이 열릴 것이다.

'소통과 대화' 주제의 자기계발 특강 형식

저자는 커뮤니케이션 전공 연구자이다. 대학과 대학원에서 커뮤니케이션, 즉 소통과 대화 관련의 연구와 강의를 20년 넘게 해오고 있다. 소통과 대화가 중요한 만큼 관련 서적도 이미 숱하게 나와 있는 것도 사실이다. 그러나 전공 연구자인 저자가 보기엔 소통과 대화가 접목이 안 된 채 이론과 실제가 따로 노는 게 많고, 그만큼 수박 겉핥기 식의 내용 위주라 마땅히 추천할 만한 책이 제대로 없는 것도 사실이다.

이에 감히 새롭게 용기를 내기로 했다. 그동안의 삶의 경험 및 전공 지식과 강의 경험을 바탕으로 진정 소통과 대화가 합치되는, 이론과 실제가 접목돼 삶에서 적절히 유용하게 활용되는, 그래서 진정한 소통과 대화를 바탕으로 우리 삶을 성공과 행복으로 이끌 수 있는 그런 저술을 하리라고.

이를 위한 사전 작업으로, 특별히 저자가 몸담고 있는 경인여대가 속한 인천의 대표적 인터넷 신문인 〈인천in〉 독자와 '소통과 대화' 주제의 자기계발 특강 형식의 칼럼을 2022년 8월부터 2023년 3월까지 7개월간 매주 나눈 바 있다. 이 책은 그 칼럼들을 바탕으로 그동안 독자들의 피드백 및 보충 연구를 통해 새롭게 저술한 것이다.

이 책은 독자들이 이해하기 쉽도록 '소통과 대화' 주제의 '자기계발 특강' 형식으로 저술하였다. 1부 '열린 소통' 편은 소통에 대한 이해와 활용, 자신에 대한 이해와 소통, 친구에 대한 이해와 소통, 가족에 대한 이해와 소통, 이웃과 세상에 대한 이해와 소통을 다루고 있다. 2부 '성공 대화' 편은 대화에 대한 이해와 활용, 대화의 시작과 발전 및 마무리, 경청의 자세와 방법, 발성과 발음 이해 및 훈련, 신체 언어의 중요성과 활용, 소통과 설득의 대화, 면접 시

소통과 대화, 직장생활의 소통과 대화, 말실수 줄이는 효과적 방법, 독설 화법과 웰빙 화법 등에 대해 다루고 있다.

삶의 성공과 행복은 '소통과 대화'에서 시작

소통능력과 대화능력은 능력을 넘어 곧 그 사람의 성품이자 인격이다. 그 사람의 과거를 바탕으로 한 오늘이자 미래를 열어주는 열쇠이다. "성공의 비결이 있다면, 남의 입장에 설 줄 아는 지혜이다. 자신의 입장처럼 남의 입장을 이해한 다음 매사를 객관적으로 처리하며 대화하는 것이다." 포드자동차 창업주인 헨리 포드가 한 말이다. 헨리 포드가 성공한 인생이 될 수 있었던 것은 먼저 상대의 마음을 읽고 배려하려는 '소통'에 있었다. 그리고 상대의 입장에서 생각하며 경청한 뒤 자신의 뜻을 무리 없이 관철시킨 '대화'에 있었다.

그런 소통과 대화를 이제 독자들과 허심탄회하게 나누고자 한다. 독자 분들도 서슴없이 많은 의견과 피드백을 주시기를 고대한다. 그래야 우리 사이에 진정한 소통과 대화가 이루어질 테니까.

저자가 뒤늦게 깨닫기 시작한 삶의 의미와 목적 그리고 진정한 성공과 행복 등을 이 '소통'과 '대화'를 핵심 키워드로 해서 독자 분들과 제대로 나누고자 한다. 그것이 독자 분들에게 진정한 성공과 행복으로 이어진다면, 저자에게는 그 이상의 성공과 행복이 되리라 믿어 의심치 않는다.

2023년 3월 8일
늘 푸른 꿈을 꾸는 연구실에서
저자 윤세민

차례

제1부

열린 소통

1장

소통의 참뜻, 이해하고 깨우쳐라

인간관계의 기본, 소통

인간은 혼자가 아닌 다른 사람과 관계를 맺어가면서 사는 사회적 존재이다. 인간(人間)이라는 한자를 풀이하면 사람과 사람 사이라는 뜻으로, 인간이란 사람과 사람 사이의 존재를 의미한다. 즉, 인간이라는 단어 자체가 '인간관계'의 뜻을 담고 있다.

인간관계의 기본이 '소통'이다. 막히지 아니하고 잘 통함이 소통이다. 뜻이 서로 통하여 오해가 없음을 이른다. 즉, 인간관계는 서로 막히지 않고 오해 없이 뜻이 잘 통하는 소통을 기반으로 하는 것이 바람직하다.

그러나 현실의 인간관계는 그렇지 못한 경우가 다반사다. 바로 소통을 기반하고 있지 않기 때문이다. 남보다는 내가 앞서고, 듣기보다는 말하기 바쁘고, 열기보다는 닫기 때문이 아닌가. 소통이 아닌 불통인 것이다.

구약성서의 창세기에는 바벨탑에 관한 짧고도 매우 극적인 일화가 실려 있다. 드높고 거대한 탑을 쌓아 하늘에 닿고자 했던 인간들의 오만한 행동에 신은 분노한다. 탑을 쌓기 위해서는 아래에서 위로 벽돌이 잘 올라가야 한다. 그러기 위해선 일하는 사람 간에 같은 뜻을 지닌 하나의 언어로 소통해야 한다. 그러나 분노한 신은 본래 하나였던 언어를 여럿으로 분리하는 저주를 내렸다. 바벨탑 건설은 결국 혼돈 속에서 막을 내렸고, 탑을 세우고자 했던 인간들은 불신과 오해 속에 서로 다른 언어들과 함께 전 세계로 뿔뿔이 흩어지게 되었다.

불통의 시대에 사는 오늘의 우리들 역시 되지도 않을 바벨탑을 막무가내로 쌓고 있는 것이 아닌가. 불신과 오해 속에 곧 무너져 내릴 비극을 생각지도 못한 채.

불통의 시대에 사는 오늘의 우리들 역시
되지도 않을 바벨탑을 막무가내로 쌓고
있는지 모른다.

의사소통의 의미와 중요성

인간관계의 소통 중 가장 기본이 되는 것은 '의사소통'이다. 의사소통(communication)의 원래 의미는 "상호 공통점을 나누어 갖는다."로 라틴어 'communis(공통, 공유)'에서 비롯된 말이다. 의사소통이란 두 사람 또는 그 이상의 사람들 사이에서 일어나는 의사의 전달과 상호 교류를 뜻한다. 어떤 개인 또는 집단이 개인 혹은 집단에 대해 정보, 감정, 의견, 사상 등을 전달하고 그것들을 받아들이는 과정이라고 할 수 있다.

사람들은 여러 가지 이유로 의사소통을 한다. 관계를 위해서, 일을 위해서, 때로는 놀이와 쉼을 위해서. 그래서 끊임없이 정보, 감정, 의견, 사상 등을 전달하고 그것들을 받아들이는 과정을 반복한다.

개인들이 집단을 이루어 활동할 때 그 활동을 효율적으로 수행하기 위해서는 조직구성원 간의 의사소통이 원활하게 이루어져야 한다. 효율적이고 원활한 의사소통은 조직과 팀의 핵심적인 요소이며, 구성원 간에 정보를 공유하거나 의사결정을 이루는 중요한 수단이기도 하다.

의사소통은 조직과 팀의 효율성과 효과성을 성취할 목적으로 이루어지는 구성원 간의 정보와 의견의 전달 과정이다. 구성원들의 노력으로 공통 목표를 성취하고자 하는 조직의 기본적 존재기반이고 성과를 결정하는 핵심기능이기도 하다.

인간관계 특히 조직 내에서 의사소통이 중요시 되는 이유는 사회생활에서 필수적이며 대인관계의 기본이 되기 때문이다. 또한 인간관계가 의사소통을 통해서 이루어지는 상호과정이고, 상호 간에 이해와 동의를 얻기 위한 유일한 수단이기 때문이다.

따라서 사회생활에서 의사소통은 반드시 필요하며, 그만큼 중요하다. 하지만 원활한 의사소통을 이루어간다는 것은 결코 쉬운 일이 아니다. 사람들마다 개인적·사회적 입장과 경험과 수준이 다르고 다양하기 때문이다. 동일한 내용이 제시된다 하더라도 각각 다르게 받아들이고 다르게 반응하기가 일쑤이다. 메시지는 고정된 단단한 덩어리가 아니라 유동적이고 가변적이다. 상호작용에 따라 다양하게 변형될 수 있기 때문이다.

의사소통은 내가 상대방에게 메시지를 전달하는 과정이 아니라 상대방과의 상호작용을 통해 메시지를 다루는 과정이다. 따라서 원활하고 성공적인 의사소통을 위해서는 내가 가진 정보를 상대방이 이해하기 쉽게 표현하는 것도 중요하지만, 상대방이 어떻게 받아들일 것인가에 대한 고려가 우선되어야 한다. 즉, 자신의 생각과 느낌과 의견을 효과적으로 표현하는 것 이상으로 타인의 생각과 느낌, 의견을 이해하는 노력을 더욱 기울여야 하는 것이다.

소통을 잘하기 위한 10가지 원칙

우리 삶에서 소통이 그만큼 의미 있고 중요하다면, 그것이 우리 삶에 실제적으로 적용되고 활용돼야 할 것이다. 실제 삶에서 소통을 잘하기 위한 10가지 원칙을 제시한다.

1 먼저 우리 삶에 꼭 필요한 소통의 의미와 중요성을 제대로 이해하고 깨우쳐라.

2 나보다는 먼저 상대방을 배려하고 앞장세워라.

3 만나기 전에 철저히 준비하라. 상대방을 이해하고 공부하라.

4 말보다는 마음부터 열고, 상대보다 나부터 열어라.

5 말하기보다 듣기를 먼저 하고, 적게 말하고 많이 들어라.

6 부정이 아닌 긍정의 말을 하라. 험담이 아닌 칭찬을 많이 하라.

7 상대방이 이해하기 쉽게 또 친절히 말하고 표현하라.

8 상대방의 생각, 느낌, 의견, 사고를 이해하는 데 최선을 기울여라.

9 말보다 눈빛, 표정, 몸짓이 중요하다. 그것을 거짓 없이 진심으로 표현하라.

10 상대와의 만남과 소통의 의미를 깨우치고 감사하고 사랑하라.

· **소통 없는 삶은 존재할 수 없다. 산다는 것은 소통한다는 것이다. 불통의 시대, 우리는 과연 진정으로 소통하고 있는가?**

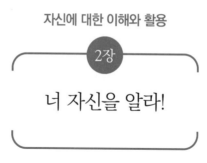

자신에 대한 이해와 활용

2장

너 자신을 알라!

나는 누구인가?

"나는 누구인가?" 이 물음에 쉽게 답할 자는 거의 없을 것이다. '나'에 대한 또 '인간'에 대한 가장 기본적인 질문이지만, 사실 가장 어려운 질문이기도 하다. 철학자, 심리학자를 비롯해 유전학자, 인류학자 등 많은 학자들이 개념화해 오긴 했지만, 여전히 명료한 해답은 없다.

세계의 대문호 빅토르 위고는, 장발장이 주인공인 소설 〈레미제라블〉을 통해서 인간이 치러야 할 싸움을 세 가지로 묘사하고 있다. 즉, 자연과의 싸움, 인간간의 싸움, 자신과의 싸움이다. 이 중에서 제일 어려운 것이 자신과의 싸움이라 했다. 그 이유는 인간은 그 누구보다, 그 무엇보다 자기 자신을 잘 알지 못하고 있다고 보았기 때문이다.

이것은 인류의 대철학자 소크라테스가 이미 2,500년 전부터 "너 자신을 알라!"고 경고한 이래 철학자들의 한결같은 견해이기도 하다.

'나'를 지칭하는 영어 일인칭 대명사의 주격 'I'와 목적격 'Me'는 엄밀히 말해 동일한 '나'가 결코 아니다. 왜냐하면 'I'는 내가 생각하는 '나'이지만, 'Me'는 남이 생각하는 '나'이기 때문이다.

한국의 대문호 고 이어령 교수가 쓴 에세이 『아들이여 이 산하를』을 보면, 이런 이야기가 나온다.

옛날 긴 수염이 가슴을 덮는 노인이 살고 있었다. 어느 날 그 노인은 길을 걷다가 어린아이를 만나게 된다. 아이는 이렇게 물었다. "할아버지는 주무실 때 그 긴 수염을 이불 속에 넣고 주무십니까, 꺼내놓고 주무십니까?" 노인은 대답을 하지 못했다. 그 긴 수염을 10년이나 길러 왔고 수천 번 이불을 덮고 잤지만, 그 수염을 어떻게 했었는지 기억이 나질 않았다. 그래서 노인은 오늘 밤 자보고 내일 아침에 알려주겠다고 대답한다. 그날 밤 노인은 수염을 이불 속에 넣고 자려다가 갑갑한 것이 옛날엔 꼭 바깥에 내놓고 잔 것 같았다. 그래서 수염을 내놓고 잠을 자려고 해본다. 이번엔 허전한 것이 옛날 엔 이불 속에 넣고 잔 것 같았다. 밤새도록 그 노인은 이불 속에 수염을 넣었다 꺼냈다 하면서 한숨도 못 잤다. 다음 날 아침 어린아이를 만났을 때에도 끝내 노인은 수염을 어떻게 하고 잤는지를 말해 주지 못했다.

많은 사람들이 이 노인처럼 살아가고 있는 건 아닐까? 자기의 수염이지만 그 수염을 의식하지 못한 채 그냥 그렇게, 흘러가는 대로, 기계적으로 살아가고 있다.

내가 누구인지 아는 것은 중요하다. 젊었을 때 알았더라면 더 좋았겠지만, 인생의 세월이 깊어질수록 내가 누구인지를 더 분명히 알고, 뼈저리게 느껴야 한다. 그러기 위해 우린 늘 자신에게 질문을 던져야 한다. - "나는 누구인가?"

진정 나는 누구이고, 어떤 사람인가? 나는 정말 나에 대해 잘 알고 있는가? 지금까지 내가 알고 있었던 내가 진짜 내가 아니라면, 그렇다면 진짜 나는 누구인가?

여전히 "나는 누구인가?"란 질문은 난제 중의 난제이다.

나, 자기, 자아

일반적으로 '나'(자기-The Self)는 인격의 핵심 부분을 가리키는 심리학적 개념이다. 이것은 다양한 구성 요소로 이루어져 있으며, 유전적 요소와 환경적 영향 사이의 상호 작용을 통해 하나의 응집력을 지닌 형태를 갖는 것으로 간주된다.

아울러 이 '나'는 '자아'(自我, Ego)로도 통칭된다. 자아는 생각, 감정 등을 통해 외부와 접촉하는 행동의 주체로서의 '나 자신'을 말한다. 우리 일상의 모든 경험(감각, 사고, 행동 등)의 밑바닥에 있는 모든 경험을 통일하여 또 다시 모든 경험을 하고 있는 바로 그 당사자라고 생각되는 '의심할 수 없는 자신'을 말한다.

그렇지만 우리의 심신은 늘 성장하고 변화한다. 그럼에도 우리는 스스로를 늘 같은 자신으로 생각하고 타인과 구별한다. 이 '동일하다고 의식한 자기'를 자아라고 한다.

철학자 칸트는 본능과 욕망에 의해 살고 있는 경험적인 자아 이외에 도덕적으로 살려는 자신(양심)을 신적(神的)인 인간의 본질로 생각하여 '본래적인 자기'라고 불렀다. 정신분석학자인 칼 융은 원형으로서의 자기(Self)와 대응되는 다른 자아를 언급하기도 했다.

'거울 속의 자아' – 사람들이
자기개념을 형성해 가는 과정은 자신이
타인의 인상을 형성해 가는 것과
유사하다.

발달 심리학에서는 '외부환경과의 상호작용과정에서 획득하게 되는 자신에 대한 이해'를 자아로 정의한다. 정서적인 자아는 생후 15개월을 전후해서 지속적으로 발달하는 것으로 알려져 있다.

한편 인지 심리학에서는 거울 속의 자신의 모습을 인지할 수 있다든지 부끄러움을 경험할 수 있는 것과 같은 자아의 초기 발달뿐만 아니라, 남성 또는 여성으로서의 자아나 사회 구성원으로서의 자아정체감 등 자아는 유아기, 아동기, 청소년기, 성인기 이후 등 계속해서 변화하고 발달하는 것으로 보고 있다.

자기개념 - '나는 어떤 사람'

위에서 언급한 '나'에 대한 여러 사전적, 학문적 풀이를 기초로 형성된 개념이 바로 '자기개념'(Self-concept)이다. 자기개념은 "나는 어떤 사람"이라는 자기인식이다. 즉, 인식대상으로서의 자신에 대해 가지고 있는 생각이나 그 총체가 자기개념인 것이다.

사람들이 자기개념을 형성해 가는 과정은 자신이 타인의 인상을 형성해 가는 것과 유사하다.

자기자각이론(Self-perception theory)에 따르면, 자신의 외현적 행동을 보며 스스로 자신이 어떤 사람인지를 판단하는 경우가 많다. 물론, 외현이 아닌 자신의 내적인 생각과 감정 등에 기초해 자신을 판단하기도 한다.

이와 함께 타인들과의 지속적인 비교를 통해서 자기개념을 형성해 가기도 한다. 사회비교이론(Social comparison theory)에 의하면, 개인이 지니고 있는 자기개념들은 타인들과의 지속적인 비교와 반응의 결과로 구성된 생각의 총체이다.

이렇게 생겨지는 자기개념은 일반적으로 신체나 외모에서 기인하는 신체적 자기, 사회적 영향 아래 기인하는 사회적 자기, 내적인 감정과 정서에서 기인하는 정서적 자기, 이성과 지적 능력에 기인하는 지적인 자기 등으로 구분되기도 한다.

- 자기개념은 그것이 긍정적이냐 부정적이냐에 따라서 한 인간의 정체성과 그 삶에 크나큰 영향을 미친다.
- 여러분의 자기개념은 어떠한가? 인류의 철학자 소크라테스는 오늘의 우리에게 여전히 경고한다. "너 자신을 알라!"고.

3장

나는 어떤 사람인가?

자기개념 – '나는 어떤 사람'이라는 자기인식

　'나'를 기초로 형성된 개념이 바로 '자기개념'(Self-concept) 이다. 이 자기개념은 '나는 어떤 사람'이라는 자기인식이다. 즉, 인식대상으로서의 자신에 대해 가지고 있는 생각이나 그 총체가 자기개념인 것이다.

　이 자기개념은 그것이 긍정적이냐 부정적이냐에 따라서 한 인간의 정체성과 그 삶에 크나큰 영향을 미친다. 긍정적 자기개념은 자기 자신을 긍정적으로 인식하며, 더 나아가 긍정적인 자기 정체성과 자존감을 갖추게 한다.

문제는 부정적인 자기개념이다. 여기에는 자기를 지각함에 있어 불합치감을 느끼는 '자기 불일치', 자기개념이 지극히 단순하거나 지극히 복잡한 '자기 복잡성', 태도와 행동이 일치하지 않아 여러 가지 인지들이 부조화 상태에 있는 '인지 부조화', 더 나아가 자기개념을 스스로 부정하거나 학대하는 '자기 부정'과 '자기 학대'에 빠지는 경우도 있다.

이는 자신을 부정적으로 바라보고 부정적으로 평가하는 잘못된 습관에서 비롯된다. 이런 습관은 곧 자신에 대한 부정적 선입견을 낳고, 그 선입견은 또다시 자신에 대한 거짓평가로 이어지고, 결국에는 자포자기에 이르게까지 한다.

부정적 엄마는 부정적 아이를 만든다

한 아이가 옆집 아이와 사소한 일로 다투게 되었다. 급기야 다음날 학교 시험을 엉망으로 치르고 아주 저조한 성적을 받게 되었다. 아이의 엄마는 가끔씩 말썽을 부리는 아이가 영 마땅치 않았고, 그날 아침에 부부싸움까지 한 터라 그만 아이를 심하게 야단치고 말았다.

"너 옆집 애랑 싸웠다며, 왜 맨날 말썽이니!"

"..."

"성적은 또 이게 뭐니! 겨우 이거밖에 못하니! 제대로 하는 게 하나 없으니."

"..."

"너란 애가 그렇지! 못난 지 아빠 닮아가지고... 쯔쯔, 네 앞날이 캄캄하다."

"..."

엄마가 별 생각 없이 감정적으로 쏟아낸 말은 그대로 아이의 마음에 쌓였다. 그런 일이 반복되면서, 아이는 스스로가 아닌 자신을 향한 엄마의 관점에 물들어갔다. 어느새 그 관점은 아이 스스로 자신을 평가하는 기준이 되고 말았다.

'그래 나는 맨날 말썽 피우는 아이야.'

'공부도 못해. 제대로 하는 게 하나도 없어.'

'나란 애가 그렇지 뭐. 내 앞날은 캄캄할 거야.'

이렇게 부정적으로 평가되고 비난받는 메시지가 아이의 마음 안에 계속 쌓이게 되면, 그것이 부정적 자기개념을 형성하게 된다.

긍정적인 말, 사랑의 격려와 칭찬을
어려서부터 받아 온 아이의 자기개념은
당연히 긍정적일 수밖에 없다.

아이들은 어릴수록 주변의 피드백에 의해 자신에 대한 인식, 가치, 특성, 본질 등을 확인해가기 때문이다.

우리는 불일치한 것을 받아들이기 힘들어 한다. 그래서 어떻게 하든 불일치한 것을 일치되게 만들려는 경향이 있다. 심리적 힘이 있는 이들은 가능한 좀 더 좋은 쪽을 향해 일치감을 형성해 가지만, 심리적 힘이 부족한 이들은 포기해 버리는 형식으로 자신을 다른 사람들의 평가에 맞춰 버리곤 하는 것이다.

이는 결국, 자신을 부정적으로 바라보고 부정적으로 평가하는 잘못된 습관을 쌓게 하고, 이런 습관은 자신에 대한 부정적 선입견으로, 그 선입견은 또다시 자신에 대한 거짓평가로 이어지고, 결국에는 자포자기에 이르게까지 하는 것이다.

별 생각 없이 자기감정에 못 이겨 쏟아낸 엄마의 말이, 결국 그 아이의 삶과 미래를 망쳐 놓고 만 것이다.

이 얼마나 잔인한 일인가.

물론 그 엄마의 자기개념도 부정적이었음은 틀림없으리라.

긍정적 엄마는 긍정적 아이를 만든다

만약, 그 엄마가 똑같은 상황에서 이렇게 말해 주었다면, 그 아이의 삶과 미래는 어떻게 바뀌었을까?

"옆집 애랑 싸웠다니, 네 마음이 많이 속상하겠구나! 뭔가 오해가 있었겠고, 그 아이 맘도 아프겠구나. 마음이 큰 네가 먼저 가서 사과하고 서로 화해하면 어떻겠니? 넌 충분히 그럴 수 있단다."

"이번 성적이 좀 안 나왔구나. 어제 일로 제대로 집중을 못해서 그랬나 보다. 괜찮아. 넌 뭐든 잘하고 금방 이겨내잖니? 넌 공부든 뭐든 충분히 잘할 수 있단다."

"역시 믿음직한 우리 아이야! 엄마 아빠 꼭 닮았고, 아니 그 이상인데? 네 앞날은 밝을 수밖에 없단다."

이런 긍정적인 말, 사랑의 격려와 칭찬을 어려서부터 받아 온 아이의 자기개념은 당연히 긍정적일 수밖에 없다. 그래서 자기 자신을 늘 긍정적으로 평가한다.

'그래 나는 마음이 큰 아이야. 잘못했으면 먼저 사과할 거야.'

'난 뭐든 잘하고 금방 이겨내. 난 공부든 뭐든 충분히 잘할 수 있어.'

'난 엄마 아빠 사랑을 받는 믿음직한 아이야. 내 앞날은 분
명 밝을 거야.'

틀림없이 이 아이의 삶과 미래는 매우 긍정적이고 밝게 펼쳐
질 것이다. 이는 물론 그 엄마의 긍정적 자기개념에서 출발했음
은 당연하다.

긍정적 엄마가 긍정적 아이를 만드는 법이다.

• 나의 자기개념은 긍정적인가, 부정적인가?
• 긍정적 자기개념의 나는 주위마저도 긍정적으로 만들 것이다.
• 부정적 자기개념의 나는 주위마저도 부정적으로 만들 것이다.

4장

자신의 능력을 믿어라!

'왜 자신의 참모습을 모르는가?'

내가 생각하는 나는 진짜인가? 가짜인가? 당연히 진짜여야 한다. 그러나 앞 장에서 언급한 부정적인 자기개념은 '가짜 나'를 만든다. 부정적인 자기개념으로 생성된 '가짜 나'의 얼굴은 다양하다. 내면에서 올라오는 자신의 진짜 감정이나 생각대로 행동하지 못하는 나, 다른 사람의 요구에만 맞추려고 하는 나, 매사에 불안한 나, 불만으로 가득 차 있는 나. 이러한 '가짜 나'가 나를 지배하기 시작하면, 자아가 왜곡될 뿐 아니라 그 삶도 왜곡되고 만다.

그런데도 왜 사람들은 자신의 참모습을 모르고 살아가는가? 겉모습으로 나타나는 자아를 왜 진짜 자신인 양 살아가는가? 그 근본 이유는 건강하지 못한 자아의 존재에서 출발한다.

그렇다면 우리는 건강한 자아를 찾아야 한다. 해답은 당연히 '긍정적 자기개념 형성'에 있다. 부정적이고 편협한 자아에서 벗어나 내면의 근원적 존재인 진정한 자아를 찾는 것이다. 평소에는 물론이고 어려운 상황과 환경 속에서도 스스로를 신뢰하며 자신의 감정과 이성, 태도와 행동을 긍정적으로 이끌어야 한다. 더 나아가 자신이 얼마나 소중한 존재이고, 사랑 받기에 충분한 존재인가를 깨닫는 자기 정체성과 자존감을 향상시켜가야 한다.

긍정적 자기개념 형성을 위한 '자기 효능감'

긍정적 자기개념 형성에는 '자기 효능감'(Self-efficacy)이라는 중요한 개념이 있다. 자기 효능감은 목표 달성을 위해 필요한 행위과정을 조직화하고 실행할 수 있는 자신의 능력에 대한 신념이다. 영어로 비유하자면, "I can do it!"이다.

자기 효능감은 목표 설정, 과제 수행, 과정 관리, 목표 달성과 마무리 등에 큰 영향을 미친다. 또한 자기 효능감이 높은 사람은 불안, 스트레스, 심리적 문제 등을 긍정적으로 또 효과적으로 대처해 나간다.

일반적으로 자기 효능감이 높은 사람은 목표를 설정하거나 과제를 수행할 때 이미 '성공'에 대한 기대를 갖고 출발한다. 따라서 어려운 일을 할 때라도 '해낼 수 있다'는 기대와 믿음으로 접근하기에 그만큼 성공 확률이 높은 것이다. 반대로 자기 효능감이 낮은 사람은 시작도 하기 전에 실패에 대한 걱정과 두려움이 앞서 미리 포기하거나 일을 그르치는 확률이 높아지는 것이다.

따라서 자기 효능감이 높은 사람이 인간관계에서 또 사회생활에서 주위로부터 환영받으며 성공적인 삶을 영위하게 됨은 당연하다.

자기 효능감을 개발하라

그렇다면, 이러한 자기 효능감을 어떻게 개발할 수 있을까?

첫째는 '통달 경험'을 높이는 것이다. 어떤 문제를 해결했다는 통달(성공) 경험은 자기 효능감을 증진시킨다. 우선, 달성 가능한 목표를 설정하고 꾸준히 실천하라. 그리고 수행 과정에서 일부 실수나 실패가 나온다 해도 실망치 않고 그것을 긍정적 마인드로 차츰 극복해 간다면, 그것은 값진 통달 경험이 되며, 미래의 새로운 도전에도 자신감을 갖게 한다.

이 통달 경험 학습은 교육에서도 요긴하게 쓰인다. 부모나 교사가 아이들을 가르칠 때 중요한 변수가 된다. 아이들에게는 굉장히 어려운 과제보다는 해결 가능한 문제부터 단계적으로 주는 것이 좋다. 그래서 차츰 어려운 과제도 익숙해지고 해결해내면서 이 통달(성공) 경험을 많이 하게 되고, 그러면서 자기 효능감이 쌓이게 된다.

둘째, '대리 경험'을 높이는 것이다. 내가 원하는 목표를 제대로 해결하기란 사실 쉽지 않다. 실생활에서 여러 제한과 제약이 따를 수밖에 없다. 그렇다면 자신이 원하는 목표를 효과적으로 수행한 타인을 멘토나 모델로 삼아 잘 관찰하며 따라해 보자. 즉, 대리 경험을 높여가는 것이다.

같은 공부 시간을 들여도 성적이 뛰어난 학생이 있다. 그 학생이 어떤 목표를 설정하는지, 공부를 주로 어떤 시간과 공간에서 주로 어떤 방법으로 하는지 자세히 관찰해 보고 그대로 따라해 본다면, 당연히 성적이 향상되지 않겠는가.

우리는 건강한 자아를 찾아야 한다.
해답은 당연히
'긍정적 자기개념 형성'에 있다.

의사소통을 제대로 하지 못해 고민인 자라면, 자신 주위에 의사소통을 제대로 하는 친구와 같이 다니며, 과연 그 친구는 사람들에게 어떤 마인드로 어떻게 접근하며 어떻게 대화를 이끌어나가는지 잘 관찰해 보고 조금씩 따라해 보라. 그만큼 의사소통능력이 향상될 것이다.

실생활에서의 멘토(모델) 관찰과 따라하기가 쉽지 않다면, 우리가 쉽게 접근할 수 있는 영화나 드라마, 또 책 속의 주인공을 통한 간접적 대리 경험도 자기 효능감 증진에 큰 도움이 된다.

셋째, '설득과 격려' 능력을 높이는 것이다. 이 설득과 격려 능력은 인간관계를 하는 데 있어, 또 사회생활을 하는 데 있어 필수적이며 그만큼 중요하다. 효과적인 설득과 격려를 위해서는 구체적인 방법이나 제안을 포함시키는 것이 좋다.

예를 들어, 부모나 교사가 아이에게 "넌 이런 소질이 있단다. 아주 잘할 수 있어. 멋지게 잘해낼 수 있단다." 등으로 설득과 격려를 했을 때는, 부정적 얘기나 엄포 식 얘기를 한 경우보다 훨씬 성공 가능성이 높아지고 그만큼 자기 효능감이 높아질 것이다. 아울러 잘 수행한 아이에게 더욱 용기와 자신감을 주는 칭찬과 보상을 해주는 것도 중요하다.

물론, 이 '설득과 격려' 능력을 높이기 위해선 위에서 제시한, 실생활에서 설득과 격려 능력이 높은 멘토(모델) 관찰과 따라하기 그리고 영화나 드라마, 또 책 속의 주인공을 통한 간접적 대리 경험도 충분히 활용하는 것이 좋다.

넷째, 긍정적 정서 해석을 높여가는 것이다. 우리는 일상생활에서 수많은 정서 변화를 겪는다. 문제는 이 정서 변화를 어떻게 해석하는지이다. 이 해석 방식에 따라 자기 효능감이 증진되거나 오히려 감소되기도 한다. 통상적으로 정서적 흥분과 심리적 반응에 대한 스스로의 긍정적 해석은 과제 수행 시의 자기 효능감을 증진시키게 마련이다. 반대로 부정적 해석은 과제 수행 시의 자기 효능감을 감소시키게 한다.

예를 들어, 중요한 시험을 앞두고 가슴이 두근거리고 떨리는 현상은 일반적인 정서 변화이다. 그런데 이 정서 변화를 놓고, '이 시험이 굉장히 중요하기 때문에 긴장되고 떨리는 건 당연한 거야. 그래도 난 잘해낼 수 있을 거야' 이렇게 해석한다면 자기 효능감을 증진시키며 어느 정도 좋은 성적을 거둘 확률이 높아질 것이다. 이와는 반대로 '와, 굉장히 긴장되고 떨리네. 이 시험에 자신도 없고 못볼 것 같아서 긴장이 더 되고 더 떨리네' 이렇게 해석한다면 자기 효능감을 오히려 감소시키며 성적을 저조하게 거둘 확률도 높아지고 말 것이다.

- 진정한 자아, 건강한 자아를 찾는 길은 긍정적 자기개념 형성에서 출발한다. 이 긍정적 자기개념 형성을 위해서는 무엇보다 '자기 효능감'을 높이 쌓아가는 것이 중요하다. 자기 효능감은 자신의 능력을 믿는 것이다.
- "하자! 하면 된다!! 할 수 있다!!!"

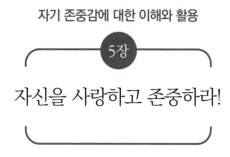

긍정적 자기개념의 토대, '자기 존중감'

우리가 건강한 자아를 찾기 위해서는 무엇보다도 '긍정적 자기
개념 형성'에 힘써야 한다. 부정적이고 편협한 자아에서 벗어나 내
면의 근원적 존재인 진정한 자아를 찾는 것이다. 평소에는 물론이
고 어려운 상황과 환경 속에서도 스스로를 신뢰하며 자신의 감정
과 이성, 태도와 행동을 긍정적으로 이끌어야 한다. 더 나아가 자
신이 얼마나 소중한 존재이고, 사랑 받기에 충분한 존재인가를 깨
닫는 자기 정체성과 자존감을 향상시켜가야 한다.

자기 정체성과 자존감이 곧 '자기 존중감'(Self-Esteem)이며, '긍정적 자기개념'의 토대가 된다. 자기 존중감은 한 개인으로서 자신이 갖고 있는 '가치'에 대한 종합적인 평가이다. 인간으로서의 개인은 수많은 역할이 주어지고, 이 역할에 대한 개개의 평가가 긍정적으로 합산된 전체적인 평가가 곧 자기 존중감이며, 이를 다른 말로 '긍정적 자기개념'이라고도 한다.

또한 자기 존중감은 자신이 사랑받을 만한 가치가 있는 소중한 존재이고, 어떤 성과를 이루어낼 만한 유능한 사람이라고 믿는 마음이다. 자기 존중감은 객관적이고 중립적인 판단이라기보다 주관적인 느낌이다. 자신을 객관화 하는 것이 자기 존중감을 갖는 첫 단추이다. 자기 존중감이 있는 사람은 정체성을 제대로 확립할 수 있고, 정체성이 제대로 확립된 사람은 자기 존중감을 가질 수 있다.

자신을 사랑하고 존중하는 마음, '자존감'

자기 존중감을 줄여서 흔히 '자존감'(自尊感)으로 부른다. 자기 스스로를 사랑하고 존중하는 마음이다. 자존감이라는 개념은 자존심과 혼동되어 쓰이는 경우가 있다. 자존감과 자존심은 '자신에 대한 긍정'이라는 공통점이 있지만, 자존감은 '있는 그대로의 모습에 대한 긍정'을 뜻하고, 자존심은 '경쟁 속에서의 긍정'을 뜻하는 등의 차이가 있다.

자존감은 가까운 사람 등 타인과의 관계, 경험, 생각 등에 의해서 형성된다. 어린 시절에는 부모, 형제자매, 친척, 친구와 선후배, 이웃, 선생님, 종교인 등과 같이 가까운 사람들과의 관계가 자존감 형성에 큰 역할을 한다.

가까운 관계의 사람들로부터 긍정적인 피드백을 받을 경우 자신에 대한 믿음이 높아지고, 자신이 지니고 있는 가치를 적절하게 평가할 수 있는 건강한 자존감을 지닌 사람으로 성장할 가능성이 높다. 반대로 애정이 결여된 냉혹한 비판, 습관적인 비난, 조롱 등과 같이 부정적인 피드백을 받고 자란 경우 자존감이 결핍된 사람으로 성장할 가능성이 높다.

자존감이 결핍된 사람들에게는 흔히 허풍이나 과장, 힐뜯기, 자기합리화, 강박장애와 완벽주의, 수줍음과 위축, 자기평가 절하, 방어적 순응, 외톨이 되기, 냉소적 태도, 과잉 성취욕구, 타인에게 절대적으로 좋은 사람 되기 등의 행동이 나타나곤 한다. 더욱 큰 문제는 이러한 자신의 이상 행동들이 낮은 자존감으로 인한 것임을 제대로 알지 못한다는 점이다.

자기 존중감을 줄여서
흔히 '자존감'으로 부른다.
자기 스스로를 사랑하고
존중하는 마음이다.

균형 잡힌 건강한 자존감이 중요

일반적으로 낮은 자존감을 가진 사람들은 자신과 관련된 부정적 사건과 결과를 놓고 자신을 더욱 부정적으로 평가하기 때문에 정서문제를 스스로 유발시키곤 한다. 예를 들어 데이트 신청이 거절당한 경우, 어떤 사람은 대수롭지 않게 넘기지만, 어떤 사람은 심하게 자책한다. 자책의 연속이 자존감을 더욱 떨어뜨리게 한다. 반대로 자기를 긍정적으로 평가하면 할수록 정서적으로 안정되며 자존감이 높아 가게 마련이다.

자존감은 사회적 관계 형성에도 큰 영향을 미친다. 낮은 자존감을 가진 사람들은 사회적 상황을 어색해 하고, 자의식도 강하다. 그만큼 인간관계에서 또 사회관계에서 교류의 폭이 좁고 제한적이다. 반대로 자존감이 높은 사람은 인간관계에서 또 사회관계에서 교류의 폭이 넓고 확장적이다.

자존감이 낮은 사람은 다른 사람들이 자신에 대해 어떻게 느끼는지를 기준으로 하여 자신의 현재 행동을 결정한다. 자신에 대한 타인의 부정적 평가가 있다면, 그에 맞춰 자신의 업적, 아이디어 등을 낮게 평가하는 경향이 있다. 더욱이 자신의 장점보다 약점이나 결함에 초점을 맞추기 때문에 자신보다 남들이 더 능력이 뛰어나다고 생각한다.

또한 자존감이 낮은 사람은 자신에 대한 칭찬이나 긍정적 반응을 제대로 받아들이지 못하는 경우도 있다. 시험 점수를 잘 받았거나 칭찬을 받는 것과 같은 좋은 감정도 오래 지속되지 못하고 잠깐에 그치는 경우가 많다. 오히려 실패와 비난을 미리 상정하고 두려워하면서 학교나 직장에서 성공하지 못하는 사례를 낳곤 한다.

그와 반대로 지나치게 자존감이 높은 것도 경계할 필요가 있다. 다른 사람보다 자신을 지나치게 높이 평가하는 경우다. 주위 사람보다 자신이 훨씬 뛰어나다고 느낀다. 오만하며 제멋대로고, 스스로 특권을 받을 자격이 있다고 생각한다. 물론 인생을 살면서 어느 정도의 자존감과 자신감은 중요하다. 그러나 지나치면 자만심으로 발전해 남을 배려하는 마음이 결여되고, 남들과 자신을 비교하며 우월감을 느끼려 한다. 문제는 본인이 자존감이 높다는 것을 긍정적으로 인식하지 못하고, 당연하게 여기거나 오도된 자신감과 자만심으로 키우는 경우이다.

따라서 무엇보다도 '균형 잡힌 건강한 자존감'이 중요하다. 건강하고 바람직한 자존감은 두 극단 사이에 자리잡고 있다. 자존감이 건강하다는 뜻은 자신을 공정하고 정확하게 볼 수 있다는 것을 의미한다. 즉, 자신의 가치를 잘 알고 자신을 좋게 평가하는 경향을 지니고 있지만, 부족한 점에 대해서도 잘 알고 있다는 것이다.

- 결국 '균형 잡힌 건강한 자존감'이 자신은 물론 자신과 관련된 인간관계와 사회관계를 균형 있게 또 건강하게 만든다.

6장

'가짜 나'를 버리고, '진짜 나'를 찾아라!

긍정적 자기 인식과 자기 수용

타인과 소통할 때 자기 존중감, 즉 자존감이 떨어지는 사람은 흔히 '심리적 화장'을 하곤 한다. 심리적 화장이란 없는 데도 있는 척, 모르는 데도 아는 체 등 자신의 상태나 수준을 과장하거나 연기하는 것을 말한다. 그러다 보면 상대와의 사이에는 거짓의 벽과 허울이 쌓이게 마련이다. 즉, 소통이 아닌 불통으로 가는 것이다.

건강한 소통을 위해선 당연히 '심리적 화장'을 한 '가짜 나'에서 속히 벗어나야 한다. 아울러 자신을 부정적으로 평가하는 습관(선입견, 거짓평가, 자포자기 등)도 버려야 한다.

자신을 긍정적으로 평가할수록 자존감은 높아지게 마련이다. 그러기 위해서는 우선 올바른 '자기 인식과 자기 수용'부터 가져야 한다. '진짜 나'를 찾는 길이다. 냉철한 반성과 성찰을 통해 자신을 올바로 깨닫는 것이다. 그래서 자신이 얼마나 소중한 존재인지를, 사랑받기 충분한 존재인지를 발견하고 깨달아야 한다.

이렇게 긍정적으로 자기 스스로를 인식하고 수용하다 보면 어느새 타인도 자연스럽게 받아들이게 된다. 나를 제대로 이해하고 사랑할 때, 상대방도 제대로 이해하고 사랑하게 된다. 그러면서 자신과의 소통은 물론이고, 타인과의 소통도 원활해지는 것이다.

이렇게 해서 생겨지는 '균형 잡힌 건강한 자기 존중감'은 자신은 물론 자신과 관련된 인간관계와 사회관계를 균형 있게 또 건강하게 만든다.

자기 존중감을 개발하라

그렇다면, 이러한 자기 존중감을 어떻게 개발할 수 있을까? 위에서 언급한 긍정적 자기 인식과 자기 수용에서 출발하면 된다.

1. 긍정적으로 생각하라

비관적 생각에 치우치면 부정적 결과를 낳기 쉽다. 가령, 시험을 앞두고 '나는 잘해내지 못할 거야'라는 생각을 가지면, 실제로도 시험을 망칠 가능성이 높다. 반대로 '잘해낼 수 있다'는 자신감을 가지면, 힘들고 어려운 상황이라도 긍정적으로 맞닥뜨릴 수 있다. 만약 실패했더라도 좌절하지 말고, 스스로 그간의 노력을 인정해주고 작게라도 목표를 달성했다는 데 의의를 두도록 하자.

2. 자신을 용서하라

자존감이 낮은 사람은 실수를 저지르면 자신을 질타하거나 창피해하며 이를 극복하는 데 어려움을 겪는다. 실수는 인간이라면 누구나 저지르는 행동으로, 순간의 잘못이 인생 전체를 좌지우지하지 않는다. 자신을 용서하고 다시는 실수를 저지르지 않도록 노력하는 것이 중요하다.

3. 자기를 격려하라

자존감이 낮고 비관적인 사람은 혹 성과를 내더라도 자신의 성과를 제대로 인정하지 못하는 경향이 있다. 자신의 능력이 충분하고 열심히 노력했음에도, 자신을 과소평가하고 실수에 예민하기에 부정적인 결론에 도달하는 것이다. 항상 자신을 격려하고 용기를 북돋아 주는 자세가 필요하다. 스스로를 격려하고 칭찬하면 긍정적인 에너지를 길러 좋은 성과로 이어지게 된다.

4. 자신을 통제하라

자기 스스로를 통제할 수 있어야 한다. 타인의 평가와 피드백에 흔들리지 말라. 타인의 피드백을 받아들일지 말지는 최종적으로 자신이 결정하는 것이다. 자기 정체성과 자존감은 자신 스스로를 어떻게 생각하고 평가하는가에 좌우된다. 내 삶은 내가 주인공이다.

5. 자신의 기준과 원칙을 만들라

타인의 기준과 원칙에 끌려 다니지 마라. 자기 스스로 결정하라. 그러기 위해서는 자신만의 기준과 원칙이 그 무엇보다 중요하다. 타인의 요구에 수동적이지 말고 자신의 기준과 원칙에 따라 결정하라. 그런 만큼 남들을 당신의 기준과 원칙에 끌어들이지도 마라.

6. 자신의 강점과 장점을 찾고 이를 부각시켜라

자신의 강점과 장점을 제대로 알고 있는가? 자신이 정말 좋아하고 정말 잘하는 것을 제대로 찾아보아라. 그러면 자신이 얼마나

'균형 잡힌 건강한 자기 존중감'은
자신은 물론 자신과 관련된 인간관계와
사회관계를 균형 있게 또 건강하게
만든다.

멋진 사람인가를 알 수 있다. 자신의 강점과 장점들을 찾아내고 그 것의 진가를 인정하라. 그리고 그 강점과 장점을 확실한 자신의 것 으로 만들고, 남들도 충분히 인정할 만큼 이를 부각시켜 나가라.

7. 끊임없이 자기 개발을 위해 노력하라

자기를 개발하려는 노력 자체가 자긍심과 자존감을 고양시킨 다. 자기 개발을 정성껏 기획하고 공부하고 실천하라. 시간 관리를 철저히 하고, 규칙적인 운동에도 임하라. 이런 노력들이 자기통제 능력을 증진시키며, 결과적으로 자존감을 증진시킬 것이다.

8. 타인의 자존감도 존중하라

내 자존감이 중요한 만큼 타인의 자존감도 중요하다. 우선 타인 에 대한 시각을 긍정적으로 바꿔라. 상대방의 입장과 의견과 인격 을 존중할 때 내 입장과 의견과 인격도 존중받는 법이다. 그러면서 나와 상대방의 자존감이 함께 성장하는 것이다. 우리는 서로 배려 하고 사랑하고 존중하는 이웃인 것이다.

- '가짜 나'를 버리고, '진짜 나'를 찾아라
- 긍정적 자기 존중감 개발과 향상을 위해서는 무엇보다 긍정

적 자기 인식과 자기 수용이 중요하다. 위의 지침들을 자신의 일상생활에서 바로 적용해 보라. 곧 건강한 자아, 열린 자아를 찾게 될 것이다. 부정적이고 편협한 자아에서 벗어나 내면의 근원적 존재인 진정한 자아를 찾게 될 것이다.

- '가짜 나'를 버리고, '진짜 나'를 찾아라! 진정으로 자신이 얼마나 소중한 존재이고, 사랑 받기에 충분한 존재인가를 깨닫게 될 것이다.

자신과 친구를 제대로 인정하며 사랑하라

친구와 친구관계

살아가는 데 참 정겹고 소중한 단어 하나, '친구'(親舊). 오래도록 가까이 친하게 사귀어 온 사람이다. 피 한 방울 섞이지 않았어도 함께 어울리며 친해져 사실상 반쯤 가족인 인간관계가 친구요, 친구관계이다.

제대로 된 친구관계는 보통 청소년기의 또래 집단에서 형성되기 시작한다. 청소년기는 다양한 영역에서 독립된 인간으로서 발달해 가는 과정을 겪는다. 이전의 부모와의 의존관계에 종속돼 있다가 서서히 또래와의 관계가 확장돼 간다.

그러면서 부모로부터의 분화 과정과 함께 부모로부터의 종속 관계에서 또래와의 동등한 관계로의 전환이 급속히 이루어져 간다. '개별화' 과정이다. 이 과정이 긍정적으로 이루어지면서, 비로소 독립된 인격체로서의 '자아 정체감'이 형성돼 가는 것이다. 그러한 '개별화 된 자아'들이 또래 집단에서 만나면서 자연스레 친구관계가 형성된다.

따라서 제대로 된 친구관계가 형성되기 시작하는 청소년기에는 당연히 친구관계가 중요할 수밖에 없다. 더욱이 청소년기에는 자율성과 함께 친밀감 획득이 무척 중요한 시기이다. 결국, 이 시기의 친구관계 또 친구관계에 대한 의미 설정이 곧 그 사람의 평생 친구관계 및 친구관계에 대한 의미 설정을 좌지우지하게 하는 것이다.

친구관계의 일반적 특성

친구관계의 일반적 특성은 다음과 같다.

첫째, 친구관계는 대등한 위치의 인간관계이다. 친구관계는 나이,

지역, 학교, 학력, 교양, 신분 등이 비슷한 사람 간에 맺는 친밀한 관계이다. 따라서 수평적 관계의 속성을 지니며, 인간관계에서 가장 민주적 관계라고 할 수 있다.

둘째, 친구관계는 가장 순수한 인간지향적 대인관계이다. 친구 사이는 조건을 붙이지 않고 유불리를 따지지 않는다. 이해관계가 아닌 상대방에 대한 호감과 우정이 친구관계를 유지하는 주요한 요인이다.

셋째, 친구관계는 인간관계 중 가장 자유롭고 편안한 관계이다. 대등한 위치에서 맺는 인간관계이기 때문에 심리적 부담과 제약이 적다. 관계를 맺고 푸는 것은 개인의 자유로, 그런 만큼 자신을 가장 자유스럽고 솔직하게 표현할 수 있는 인간관계이다.

넷째, 친구관계는 서로를 이해하고 공감할 수 있는 공유영역이 가장 넓은 인간관계이다. 또래로서 지나온 삶의 체험과 환경이 유사하기 때문에 서로를 이해하고 공감할 수 있는 공유영역이 넓을 수밖에 없다.

진정한 우정을 위해서는 친구관계가
기본적으로 다 같으면서도 또 다르다는
것을 인정해야 한다.

다섯째, 친구관계는 쉽게 형성되지만 구속력이 적어 해체되기 쉽다.

쉽게 만나서 쉽게 친해졌기에, 그만큼 쉽게 헤어지고 쉽게 깨질 수 있다. 따라서 친구관계는 그 관계를 유지하기 위한 자발적이고 적극적인 노력을 기울이지 않으면 약화되고 파괴되기 쉬운 인간관계이기도 하다.

신뢰와 사랑으로 빚는 우정

자신의 주변에 사람이 많다고 해서 그만큼 친구가 많은 것은 아니다. 사실, 우리는 '친구'라는 단어를 매우 남용하고 있는지도 모른다. 우리는 많은 시간을 주변의 사람들, 특히 좋아하는 사람들과 보내곤 하지만, 그들이 꼭 친구일 수는 없다.

여기서 중요한 것이 '우정'(友情, Friendship)이다. 우정은 친구 사이에 나누는 정신적 유대감을 이른다. 우정은 단순히 시간을 함께 보내는 사람이나 단순한 친구보다 더 깊은 의미를 지닌다. 친구 사이에 진심과 진실로 빚어지는 것이 우정이요, 그 우정을 바탕으로 한 것이 진정한 '친구관계'이다.

신은 모든 곳에 있을 수 없기에 어머니를 만드셨다고 한다. 또한 신은 모두를 치유할 수 없기에 우리에게 우정 어린 친구를 만들어 주셨다고 한다. 친구 사이에 가장 소중한 요소는 '신뢰'와 '사랑'일 것이다. 이를 우리는 '우정'이라 부른다.

'우정'은 문화와 예술의 영역에서, 특히 영화의 아주 중요한 소재요, 주제가 되고 있다. 숱한 영화가 '우정'을 깊숙이 또 다양하게 다뤄 왔다. 그 우정 중에서 살아온 배경과 문화와 신분, 특히 피부색을 뛰어넘어 감동적인 우정을 그린 영화 한 편을 소개한다.

편견 극복의 우정 영화, '그린북'

〈덤 앤 더머〉의 피터 패럴리 감독이 연출을 맡은 영화 〈그린북〉(Green Book, 2018)'은 실화를 바탕으로 인종차별이 심했던 1960년대 미국 남부의 콘서트 투어에 나선 흑인 피아니스트 돈 셜리(마허샬라 알리)와 백인 운전기사 토니 발레롱가(비고 모텐슨)의 우정을 그린다.

살아온 배경과 인종, 성격과 취향도 판이하게 다른 두 남자가 서로의 차이를 인정하며 가까워지는 과정에 초점을 맞춘다. 비고 모텐슨의 능청스러운 연기가 매번 유쾌한 웃음을 선사하고, 돈 셜리 역의 마허샬라 알리의 섬세한 감정 연기는 시대의 비애를 느끼게 한다. 두 배우의 자연스러운 호흡이 마지막까지 기분 좋은 여운을 선사한다.

　이 영화에서 주목할 점은 '편견의 극복'이다. 두 주연 배우는 내내 편견으로 다투는 듯 보인다. 사실은, 두 사람이 아닌 시대적 상황과 인종적 차별이 그 편견을 몰아세운 거다. 또 그 편견은 배우가 아닌 오히려 관객의 고정화된 편견이기도 하다.

　사실, 두 사람은 편견이 아닌 자신의 주관으로 상대를 바라보고 있다. 만약 두 사람이 자신의 고집을 꺾고 어느 정도 상대를 배려했다면, 결코 진실한 친구 사이는 될 수 없었을 것이다. 오히려 두 사람은 끊임없이 자신이 백인남성이 아닌 '토니 발레롱가'임을, 흑인남성이 아닌 '돈 셜리'임을 서로에게 어필했기 때문에 역설적으로 상대에 대한 이해가 깊어질 수 있었다. 편견이 아닌 차이에 대한 정확한 인식 그리고 그것을 넘어서는 인간적인 호감과 유대가 바로 이 둘을 '우정'으로 묶어냈던 것이다.

진정한 우정과 친구관계

　그렇다. 진정한 우정을 위해서는 친구관계가 기본적으로 다 같으면서도 또 다르다는 것을 인정해야 한다. 차별이 아닌 차이다. 그것은 옳고 그름이 아니다. 각자의 개성과 특성이 다를 뿐이다. 이렇게 자기와 친구에 대한 바른 인식과 수용을 통해 자신과 친구를 깨달아 가야 한다.

- 나를 먼저 이해하고 사랑할 때 그리고 친구를 제대로 이해하고 사랑할 때 제대로 소통하게 된다. 소통의 궁극적 목적은 관계 맺기를 통해 서로의 자아를 인정하고 인정받는 것이다.
- 긍정적 자기개념으로 자신과 친구를 제대로 인정하며 사랑할 때 제대로 소통의 문이 열리는 것이다. 그 바탕 위에서 진정한 우정이, 진정한 친구관계가 성립되지 않겠는가.

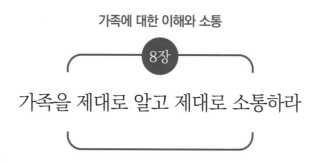

가족에 대한 이해와 소통

8장

가족을 제대로 알고 제대로 소통하라

가족의 의미와 기능

가족(家族)은 운명적인 인연(姻緣)과 혈연(血緣)으로 맺어진 삶의 보금자리다. 부부(인연)를 중심으로 한, 친족(혈연) 관계에 있는 사람들의 집단이거나 그 구성원을 말한다. 주로 혼인, 혈연, 입양 등으로 이루어진다. 가족은 사회를 이루는 가장 기본적인 단위로서 우리 삶과 가장 가까운 사회 집단이다.

가족은 개인과 사회의 중간에 위치한 체계로서 전체 사회에 대하여는 하위체계로, 개인에 대하여는 상위체계로 볼 수 있다. 따라서 가족의 기능은 가족제도가 전체 사회에 대해 작용하는 기능(대외적 기능)과 가족 구성원에 대한 기능(대내적 기능)으로 구분할 수 있다.

사회의 기본적 단위로서 일반적인 가족의 기능과 역할은 다음과 같다.

첫째, 사회 구성원의 재생산을 담당한다. 가족은 자녀 출산이라는 본래적인 기능을 통해 사회가 필요로 하는 구성원과 노동력을 재생산해 왔다.

둘째, 양육과 보호 기능을 수행한다. 가족은 가정이란 울타리 내에서 구성원의 안정적 성장을 도모하며, 나아가 안정적 삶을 유지케 하는 역할을 한다.

셋째, 사회화 기능을 담당한다. 자녀는 태어나면서부터 삶에서의 기본적 욕구충족 방법을 부모로부터 서서히 학습해 왔다. 그와 함께 주로 부모로부터 삶의 태도와 인성을 기르게 된다.

넷째, 구성원에게 경제적·정서적 안정을 제공한다. 가족은 혈연으로 맺어진 애정과 신뢰의 집단이다. 혈연의 친밀한 유대 관계 속에서 구성원에게 애정과 신뢰를 바탕으로 한 경제적·정서적 안정을 기한다.

우리에게 가족만한 보금자리와
안식처가 또 있을까?
그런 만큼 가족을 제대로 알고
가족 안에서 제대로 소통해야 할 것이다.

가족의 형태와 기능의 변천

가족은 인류 역사와 함께 그 형태와 기능이 변해 왔다.

근대 이전 농경사회의 '가족'은 하나의 생산단위이자, 사회조직의 기초 단위이며, 동시에 교육의 장이기도 했다. 농장, 공장, 학교, 종교, 규범 등 사회가 필요로 하는 거의 대부분의 기능이 '가족'에 집중되어 있었다. 당연히 대부분의 가족은 여러 구성원이 복잡하게 얽혀 있는 대가족 형태였다.

그러나 근대화와 함께 이러한 가족의 기능은 차례차례 분리되기 시작했다. 이전의 기능들이 차츰 국가 혹은 사적으로 만들어진 전문 조직에게 흡수되었다. 그렇게 농경 사회의 생산단위적 성격이 많이 희석되면서 가족의 의미는 사회 문화적 성격에 더 초점을 맞추게 되고, 핵가족이 가족의 주요 유형으로 자리잡게 되었다.

이후 정보 사회로 접어들면서 '가족'이라는 개념은 또다른 전환기를 맞이한다. 구성원이 단 한 사람만 있는 '1인 가구'가 폭발적으로 늘어나기 시작한 것이다. 기초적인 인간관계의 장이라는 사회 문화적 역할조차 퇴색되었으며, 숙식 정도의 원시적인 기능만 건재한 상황에 이르기까지 했다. 기존의 핵가족 또한 맞벌이에서 주말부부, 기러기 아빠로 이어지는 재편 과정을 거치면서 가족에 투자할 수 있는 시간조차 극히 드물게 되었다.

가족 내 자녀들도 예외가 아니다. 부모 모두 돌봐줄 여력이 되지 않아 조부모 또는 양육 기관이 양육을 대신하는 모습이 나타나게 되었다. 아예 일찍부터 기숙사 생활을 해서 부모님보다 선생님 혹은 친구들 얼굴이 더 익숙한 경우도 적지 않다. 이제 가족의 구성원들이 각자 도생의 길을 가면서, 과거의 가족이 거의 모든 생활 시간을 가족에 투자했던 것과는 매우 다르게 된 것이다.

이렇게 오늘날의 가족은 외적으로는 소가족화의 경향이 뚜렷해져 가고 있다. 그리고 내적으로는 권위·지배·복종 등의 가치에 기반한 수직적 방향에서, 자유로운 인간 간의 대등한 결합·인격적 유대라는 가치를 우선에 두는 수평적 방향으로 변화하고 있는 것이 사실이다.

바야흐로 4차산업혁명 시대로 접어든 오늘날, 가족의 형태와 기능은 또 어디로 흘러갈 것인가?

가족의 유형과 관계

가족의 유형은 가족을 구성하는 가족원의 세대 수에 따라 달리 나타난다. 즉, 가족이 한 세대의 사람들로만 구성되는 경우(1세대 가족), 부모와 자녀 등의 두 세대로 구성되는 경우(2세대 가족), 또는 조부모·양친·자녀와 같이 세 세대로 구성되는 경우(3세대 가족) 등으로 구분할 수 있다.

위의 가족 형태의 변천에서 봤듯, 인류 역사 흐름에 따라 가족은 대가족에서 핵가족, 즉 3세대 가족에서 2세대 가족으로 또 1세대 가족으로 그 구성 세대가 차츰 줄어들고 있다. 특히 요즘은 단독 가구, 즉 '1인 가구'가 폭발적으로 늘어나고 있기도 하다.

가족 관계는 가족 내 구성원들 간의 관계를 말한다.

가족에서의 혈연관계는 부모-자녀 관계를 기본으로 하고 그 확장을 포함한다. 예컨대 조손 관계는 부모-자녀 관계가 수직적으로 확장(직계친)된 것이며, 형제남매자매 관계는 부모를 공유하는 수평적 확장(방계친)이라 할 수 있다.

그리고 가족에서의 인연(姻緣) 관계는 부부 관계를 기본으로 하고 그 확장을 포함한다. 예컨대 고부 관계는 한 여성의 부부 관계와 그 남편의 모자 관계의 결합으로 볼 수 있다. 한편 입양은 생물학적 자녀가 없는 경우에 특정의 목적을 위하여 사회적인 자녀 관계를 맺는 것을 말한다.

가족 관계는 대표적으로 부부 관계, 부모자녀 관계, 형제남매자매 관계 등으로 나눌 수 있다. 중요한 것은 이러한 '가족 관계의 특성'을 제대로 이해하고, 그 '가족 관계 속에서의 소통'을 원활히 하는 것이다. - 이에 대한 내용은 다음 장에 이어가기로 하겠다.

- 가족은 사회를 이루는 가장 기본적인 단위로서 우리 삶과 가장 가까운 사회 집단이다.
- 우리에게 가족만한 보금자리와 안식처가 또 있을까? 그런 만큼 가족을 제대로 알고 가족 안에서 제대로 소통해야 할 것이다.

부모자녀 관계에 대한 이해와 소통

9장

부모와 자녀, 열린 마음으로 만나고 소통하자

인간의 관계 중에서 가장 기본이 가족 관계이다. 가족 관계는 대표적으로 부부 관계, 부모자녀 관계, 형제남매자매 관계 등으로 나눌 수 있다.

가족은 운명적인 인연(姻緣)과 혈연(血緣)으로 맺어진 삶의 보금자리다. 즉, 운명적인 인연으로 맺어진 것이 부부 관계이며, 운명적인 혈연으로 맺어진 것이 부모자녀 관계, 형제남매자매 관계이다.

이번 장에서는 혈연으로 맺어진 가족 관계 중에서 먼저 부모자녀 관계를 다루기로 한다.

부모자녀 관계는 운명적 혈연으로 맺어져
조건 없는 애정을 주고받는 가장 가깝고도
기본적인 인간관계이다.

운명적 혈연으로 맺어진 부모자녀 관계

가족 관계 중 부모자녀 관계는 운명적 혈연으로 맺어져 조건 없는 애정을 주고받는 가장 가깝고도 기본적인 인간관계이다.

부모 없이는 자녀가 있을 수 없다. 그만큼 자녀에게 부모는 절대적 존재이며, 그런 만큼 부모가 자녀에게 주는 영향은 지대하다.

일반적으로 부모는 자녀에게 의식주를 비롯해 살아가는 데 필요한 중요한 환경을 일차적으로 제공한다. 더 나아가 자녀의 신체적·정신적 양육을 책임지며, 자녀의 건강을 보살펴 준다.

또한 부모는 가정생활과 사회생활 등에서 자녀에게 본보기가 된다. 즉, 자녀가 앞으로 살아가는 데 필요한 기본적인 생활 방법들을 먼저 가정 내에서 익히도록 하여, 독립된 인격체로 성장할 수 있도록 한다.

청소년기의 자녀와 부모와의 관계

특별히 사춘기 시절인 청소년기의 자녀와 부모와의 관계는 대단히 중요하다. 청소년기의 자녀는 서서히 가정의 울타리를 벗어나 친구 관계가 자신의 주요 인간관계로 자리매김하기 시작한다. 따라서 점차 부모보다는 친구들을 찾으며, 이전과는 달리 부모에게 의존하지 않고 자립적으로 판단하여 행동하려 한다. 그러면서 부모의 뜻과 어긋나는 의사 결정을 하는 경우가 잦아지면서, 자연스레 청소년기 자녀와 부모와의 갈등이 증폭되기 시작한다.

청소년기 자녀와 부모와의 갈등은 주로 독립된 인격체로 성장하고자 하는 자녀의 욕구와 그러한 사실을 쉽게 인정하기 힘든 부모의 태도 차이에서 빚어지곤 한다. 이 시기의 자녀 세대는 새로운 가치관과 사회적 규범을 쉽게 받아들이는 반면, 부모 세대는 전통적인 가치관과 규범을 지키려고 한다. '새로움'을 강조하는 자녀는 구시대 부모를 이해 못하며, '나 때는'을 강조하는 부모는 그런 신세대 자녀를 못마땅해 한다. 여기서 주요 갈등이 발생하는 것이다.

부모와 자녀의 갈등 해결 지침

이렇게 생겨지는 부모와 자녀의 갈등은 어떻게 해결하는 것이 좋을까? 결론적으로 부모와 자녀 간에 서로의 차이점을 이해하고 배려하며, 열린 마음으로 자주 만나고 소통해야 한다.

우선, 바람직한 부모자녀 관계를 유지하기 위한 부모의 노력으로 다음과 같은 지침을 드린다.

1 일관성 있는 태도로 자녀를 대하며, 자녀를 자주 격려하고 칭찬해 주자.

2 인격적인 대우를 통해 자녀가 자주적으로 성장할 수 있도록 돕자.

3 자녀에게 먼저 다가가고, 대화를 원할 때는 진지하게 귀를 기울이자.

4 어떤 주제에 대해서도 의논 상대가 될 수 있는 부모가 되도록 노력하자.

5 자녀의 행동이 마음에 들지 않더라도 그들의 감정과 입장을 이해하려고 노력하자.

6 자녀가 선택한 생각과 활동을 이해하고 격려하며 자신감을 갖도록 도와주자.

7 미래의 가정과 사회의 주인공이 될 자녀의 자존감과 역할을 존중해 주자.

다음으로 바람직한 부모자녀 관계를 유지하기 위한 자녀의 노력으로 다음과 같은 지침을 드린다.

1 마음을 열고 부모님의 말에 귀를 기울이자.

2 내 입장보다는 먼저 부모님의 입장에서 생각해 보고 행동하자.

3 자신의 생각과 느낌에 대해 열린 마음으로 부모님과 이야기하는

기회를 자주 갖도록 하자.

4 부모님의 인정을 받을 수 있도록 가정과 학교와 사회에서 주어진 역할과 책임을 다하자.

5 부모님에게 기대려하기 전에 자신의 문제를 스스로 해결하고 책임 지는 자립심을 기르자.

6 가정생활 및 사회생활에 필요한 규범과 질서, 예절을 부모님으로 부터 순수히 배우자.

7 나를 낳아주시고 길러주신 부모님을 평소에 존경하는 마음으로 대 하자.

부모와 자녀, 열린 마음으로 만나고 소통하자

부모자녀 관계는 혈연으로 맺어진 떼려야 뗄 수 없는 가장 기본 적인 인간관계이다.

자녀를 향한 부모의 사랑은 절대적이다. 내 자녀가 잘 되기를 바라는 마음은 이 세상 모든 부모의 순수한 마음이다. 그렇지만 그 사랑과 마음을 내세워 부모의 입장과 생각을 우선시 하며, 혹시나 독립된 인격체로서 성장하려는 자녀의 입장과 생각을 도외시 하 지는 않았는지?

부모님은 나를 낳아 주시고 길러 주신 분이다. 부모 없이는 오늘의 내가 있을 수 없다. 그렇지만 내가 컸다고 나도 어른이 되었다고, 혹시나 그런 부모를 시대에 뒤떨어진 사람이라 여기며 내 입장과 생각을 우선시 하고 부모님의 입장과 생각을 도외시 하지는 않았는지?

- 부모와 자녀, 그 운명의 혈연관계를 그 무엇보다 소중히 하자. 그러면서 부모와 자녀 관계지만, 세대 간의 어쩔 수 없는 차이도 솔직히 인정하고 서로를 배려하자.
- 부모와 자녀, 진정 열린 마음으로 만나고 소통하자. 우리는 피로 맺어진 가장 가까운 가족이니까.

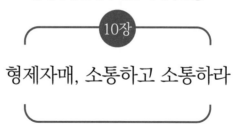

형제자매, 소통하고 소통하라

인간의 관계 중에서 가장 기본이 가족 관계이다. 가족 관계에서 운명적인 혈연으로 맺어진 것이 부모자녀 관계, 형제자매 관계이다. 지난 장의 부모자녀 관계에 이어서, 이번 장에서는 혈연으로 맺어진 가족 관계 중에서 형제자매 관계를 다루기로 한다.

형제자매 관계는 선택할 수 없는 특별한 관계

같은 부모에게서 난 형제자매남매는 가족 내 동기(同氣)로 묶여진다. 부모 양쪽 모두가 같거나 부모 한쪽이 같은 경우 모두를 포함한다. 또한, 서로 생물학적인 관계는 없지만 부모의 재혼이나 입양 등으로 인하여 형제자매가 되는 일도 있다.

형제는 남자 동기 간인 형과 아우를 아울러 이르는 말이며, 자매는 여자 동기 간인 언니와 여동생 사이를 이르며, 남매는 남자와 여자 동기 간인 오빠와 여동생이나 누나와 남동생 사이를 이르는 말이다. 형제자매남매를 보통 '형제자매'로, 또 형제자매를 통틀어 '형제'로 표기하기도 한다. 여기서는 형제자매남매를 '형제자매'로 통일해서 표기하기로 하겠다.

형제자매 관계는 선택할 수 없는 특별한 관계이다. 운명적인 혈연으로 묶여 있으며, 같은 가정 환경을 공유하면서 함께 성장한다. 그렇기에 형제자매라는 우호적인 관계 속에서 특별한 유대감을 형성한다. 어려서는 단순한 놀이 상대로서, 청소년기에는 정서적으로 위안과 도움을 주고받으며 우호적인 우정적 관계로 발전한다. 또한 형제자매는 서로에게 교육적 역할을 하며 서로 배우고 경험하며 서로의 정체성에 영향을 준다.

형제자매 관계는
우호적인 관계 속에서
특별한 유대감을 형성한다.

형제자매 사이에서 태어난 순서의 의미와 특징

　형제자매 사이에서 태어난 순서는 중요한 요소로 자리한다. 태어난 순서의 중요성에 초점을 맞춘 심리학 연구도 그만큼 많다. 진화심리학자로서 캘리포니아 대학교의 프랭크 설로웨이(Frank J. Sulloway) 교수는 『타고난 반항아(Born to Rebel)』라는 책에서 태어난 순서에 맞춰 아이들의 특징을 다음과 같이 설명하고 있다.

　먼저, 첫째 아이들은 다음 같은 특징을 지닌다.
- 첫째는 보통 책임감이 강하며 가족 내에서 변화에 잘 적응한다.
- 부당한 일이 있으면 가장 자주 부모에게 맞선다.
- 첫째는 동생들보다 엄하게 자라는 편이다.
- 엄하게 자란 첫째는 순종할 수도 있지만 부모에게 반항하기도 한다.

　둘째, 중간 아이들은 다음 같은 특징을 지닌다.
- 가족 내에서 자신의 자리를 찾기 위해서 관심을 끌려고 한다.
- 권위를 좋아하지 않으며 부당하다고 느껴지는 일에는 반항한다.

- 중간에 태어난 아이들은 첫째보다 똑똑하고 막내보다 더 영리해지려고 노력한다.
- 형제자매 사이에서 개인적이고 정서적인 관계를 만들려고 한다.

마지막으로 막내는 언제나 '집에서 가장 어린 존재'라는 이름을 달고 살게 되어 있다. 위 책에서 막내는 두 가지 극단적인 성향을 보인다고 한다. 즉, 막내는 개성이 강한 독립적인 아이들로 집을 최대한 빨리 벗어나려고 하거나, 또는 부모나 형제자매에게 의존적이라는 것이다.

결론적으로 첫째들은 권력 및 권위와 자신을 강하게 동일시하며 체제 순응적이고 보수적인 반면, 후순위 출생자들은 모험적이고 창조적이며 현 상태에 의문을 제기하는 반항적인 성향을 보인다고 프랭크 설로웨이 교수는 주장하고 있다.

형제자매의 갈등·다툼 치유를 위한 부모의 자세와 교육

형제자매는 같은 가정 환경 아래 비슷한 생활 경험을 가지고 있기에 서로를 잘 이해하며 배려하고 돕기도 하지만, 때론 선의의 경쟁자가 되기도 한다. 위에서 말한 형제자매 간의 출생 순서는 물론이고, 터울과 성별에 따라 갈등과 다툼이 생기곤 한다.

이럴 때는 무엇보다 부모의 역할과 교육이 중요하다. 형제자매 간의 갈등이나 다툼은 정작 그들보다는 의외로 부모의 잘못된 자세나 교육에 기인하는 경우도 많기 때문이다. 따라서 형제자매 간의 갈등이나 다툼을 치유하기 위한 부모의 자세와 교육에 대해 다음과 같은 지침을 드린다.

첫째, 비교하지 말라. 좋은 형제자매 관계 형성을 위해 쉽고도 어려운 것이 '비교하지 않는 것'이다. 비교는 무의식적으로 나오기도 하지만, 부모들의 실수 중 하나가 '누가 잘하나 보자~' 식의 의미를 담아서 비교하는 것이다. 선의의 경쟁을 통해 아이들을 성장시키기 위함이지만, 이는 자칫 아이들의 자존감을 낮추고 서로를 경쟁 상대로 만들어 형제자매의 우애 관계를 망치게 하는 지름길이다. 절대 비교하지 말자.

둘째, 공평하게 대하라. 형제자매 간에 지나치게 질투나 다툼이 있다면, 부모가 무의식적으로 불공평하게 대하고 있지는 아닌가 생각하고 고민해 볼 필요가 있다. 부모는 공평하게 대한다고 하지만, 먼저 태어나고 또 나중에 태어났기 때문에 부당한 대우를 받는다고 느끼고, 이로 인해 형제자매 갈등이 생겨나곤 한다. 태어난 순서는 운명적으로 정해지는 것일 뿐 부모에게는 모두가 똑같이 소중하고 사랑하는 자식이라는 점을 자주 일깨워주자. 그리고 더 중요한 것은 부모가 먼저 일상에서 공평하고 공정하게 행동하는 것을 자주 보여야 한다.

셋째, 강요하지 말라. 어린 자녀라고 강요하지 말라. 형이라고 '형답게'를, 또 동생이라고 '동생답게'를 강요하지 말라. 또한 남자라고 '남자답게'를, 또 여자라고 '여자답게'를 강요하지 말라. 기성세대는 보수적인 교육 체제 아래 '00답게'를 강요받으며 살아왔다. 그것이 당시 사회의 미덕이었다. 그러나 지금은 개인의 자유와 인권이 충분히 존중받아야 하는 민주사회다. '00답게' 속에 강제된 의무와 책임의 굴레에서 벗어나게 해주자. 강요가 아닌 자율을 통해 형제자매가 서로를 존중하며 서로의 자존감을 키우도록 해주자.

넷째, 소통하고 소통하라. 형제자매 간의 갈등이나 다툼의 근본 원인은 불통에 있다. 불통은 자연스레 오해와 갈등과 다툼을 낳게 마련이다. 그 치유와 해결의 최선책은 '소통'이다. 먼저, 부모와 자녀 간에 편하고 즐거운 소통의 시간을 많이 가져라. 그리고 형제자매 간에 어떻게든 소통의 기회를 자주 갖도록 해주어야 한다. 질적으로 양적으로 열린 건강한 소통은 형제자매 간에 더 나아가 우리 가정에 화합과 사랑과 평화를 가져다 줄 것이다.

- 형제자매 관계는 선택할 수 없는 특별한 관계이다. 운명적인 혈연으로 묶여 있으며, 같은 가정 환경을 공유하면서 함께 성장한다. 그렇기에 형제자매라는 우호적인 관계 속에서 특별한 유대감을 형성하며, 때론 선의의 경쟁자가 되기도 한다.
- 형제자매, 소통하고 소통하라!
- 질적으로 양적으로 열린 건강한 소통은 형제자매 간에 더 나아가 우리 가정에 화합과 사랑과 평화를 가져다 줄 것이다.

부부 관계에 대한 이해와 소통

11장

부부라도 차이 인정하고 소통하라

부부(夫婦)란 하늘이 내려준 인연으로 맺어진다고 한다. 피를 나눈 혈연이 아님에도 운명적으로 만나 결혼에 이르러 남편과 아내로 자리매김한다.

가족 관계 중에서 가장 친밀한 애정의 관계가 부부 관계이다. 지난 장의 형제자매 관계에 이어서 이번 장에서는 가족 관계 중에서 마지막으로 부부 관계를 다루기로 한다.

부부 관계의 의미와 기능

사랑하는 두 남녀는 정혼을 거쳐 부부 관계를 맺는 결혼에 도달한다. 결혼은 두 남녀의 합의를 전제로 해서 개인적으로 이루어지는 계약이지만 이것만으로는 충분하지 않고, 사회적으로 인정을 받아야 하며, 동시에 법적인 승인을 얻어야 한다.

부부 관계는 이러한 결혼이라는 계약으로 이루어지는 관계이다. 부부 관계는 생리적·심리적·사회적 욕구를 충족시켜주는 상호 보완적인 관계이며, 행복한 가정생활의 중요한 기초가 된다.

이렇게 결합된 부부에게서 자녀가 출생하면, 그 자녀에 대한 양육의 책임과 권리가 있게 되는데, 이것을 실행함으로써 비로소 결혼한 일반 가정이 되는 것이다. 이에 반하여 사회적 승인이 없는 남녀의 동거 생활이나 결혼 전 출산은 사회적 비난을 받을 수 있고, 사회에서 정식 부부로 인정받지 못하게 된다. 따라서 우리 사회는 일반적으로 결혼 의식을 통하여 가족 및 친지, 이웃에게 "함께 부부가 된다"는 선서와 공고를 요구한다. 또 법적인 승인으로서 결혼 신고나 결혼 증서를 갖출 것을 필요로 한다.

이러한 결혼 의식과 부부 관계에는 전통적으로 또 사회적으로 다음의 세 가지 기능과 역할을 요구하고 있다.

첫째, 성적 통제의 기능이다. 즉, 결혼은 부부의 사랑과 신의를 바탕으로 한다. 따라서 결혼한 남녀는 다른 이성과의 성적 교제나 교섭이 불가능하다. 이는 사회의 안녕과 질서를 위한 것이다.

둘째, 종족 보존을 목적으로 하는 사회 구성원의 재생산 기능이다. 남녀가 결혼하여 자녀를 낳고, 그 자녀가 성장한 후 다시 자녀를 낳아 끊임없이 가계(家系)를 보존케 하는 것이다. 즉, 개인의 영원한 분신을 남기기 위해서, 혹은 가족의 대를 잇기 위해서 사회의 구성원을 충원시키는 역할을 하고 있다.

셋째, 사회 통합을 확장하는 사회적 공인의 기능을 갖는다. 즉, 결혼이란 단지 남녀의 부부 관계로만 유지되는 것이 아니고, 양쪽의 친척이 직접 관계되며, 이것이 확대되어 여러 지인과 이웃들과 우호적인 관계를 유지하게 되는 것이다.

부부 간이라도 삶의 방식에 차이가 있게 마련

부부 그리고 부부 관계. 하늘이 내려준 운명적 인연이라 하지만, 사실 30년 전후를 완전히 다른 환경에서 자랐던, 이전엔 생판

몰랐던, 전혀 혈연도 아닌 두 남녀가 결혼해 '부부'라는 이름 아래 가족이 된 것이다. 연애 시절의 애정이 잘 지속되기도 하겠지만, 결혼을 통한 가족의 구성은 각기 다른 환경과 생활양식으로 자라 온 사람들에게 큰 도전이며 전혀 다른 세계로 인도한다. 부부 간의 인지적 노력, 정서적 노력, 행동의 변화와 같은 상당한 노력이 필요한 스트레스 상황에 놓이게 되는 것이다.

부부라는 새로운 관계는 서로 다른 두 사람이 서로의 다름을 존중하고 조화를 이루어 가는 과정이다. 대부분의 사람들은 결혼하기 전부터 이미 자신의 부모님을 통해 부부 간의 상호작용 방식과 가족의 역할에 대해 일정한 상을 형성하게 마련이다. 이를 바탕으로 '나도 우리 아버지(어머니)처럼 살 거야', 혹은 '난 절대로 우리 부모님처럼 살지는 않을 거야'와 같은 부부 관계에 대한 나름의 틀을 형성하고 그 틀에 따라 살아가려 한다. 서로의 부부상이 비슷하면 다행이지만, 그렇지 않다면 충돌이 일어날 수 있다.

또한 우리에게는 나름의 삶을 살아가는 각자의 방식이 있으며, 기본적으로 자신에게 익숙한 방식을 선호하게 마련이다. 이는 상대방에게도 마찬가지이다. 오랜 시간을 서로 다른 환경에서 생활해 온 탓에 각자에게 익숙한 방식이 있는데, 부부 서로 간에 자기 자신이 변화하려 하기보다는 상대방을 변화시키려고 한다는 것이 문제이다.

부부라는 새로운 관계는
서로 다른 두 사람이
서로의 다름을 존중하고 조화를
이루어 가는 과정이다.

이렇듯 부부 간이라도 서로의 삶의 방식에 차이가 있게 마련이고, 그 차이가 서로를 힘들게 할 수 있다. 그런 차이가, 또 그런 차이를 제대로 이해하거나 인정하지 않는 사례가 쌓이게 되면서, 곧 부부 관계에 오해와 갈등과 불신이 자라게 되는 것이다.

바람직한 부부 관계 유지를 위한 지침

흔히들 부부는 일심동체라 하지만 부부 관계는 서로가 똑같아지는 것이 아니라 서로의 다른 점들을 조화시켜 개인으로서, 부부로서 발전해 나아가는 것이다. 일치와는 달리 조화는 서로 간의 차이를 인정하고 수용하는 데서 출발한다. 내가 다른 사람의 생활 방식을 존중하고 수용할 준비가 되어 있는지, 상대방도 역시 그러한 지에 대해 파악하고 조화를 이루어가도록 끊임없이 노력해야 한다.

부부 사이에 싸움이 없을 수는 없다. 부부 관계의 유지는 사랑만으로는 이루어질 수 없고, 다른 어떤 관계보다도 더욱 부단한 노력이 필요하다. 그런 차원에서 바람직한 부부 관계 유지를 위한 지침을 드린다.

첫째, 서로의 차이를 이해하고 인정하라. 부부 간이라도 서로의 삶의 방식에 차이가 있게 마련이다. 그 차이로 서로를 힘들게 할 바에는, 순수하게 그런 차이를 제대로 이해하고 인정하자. 그래야 서로가 편하다.

둘째, 상대의 장점을 찾아 칭찬하라. 서로의 단점에 대해 불평하기보다는 능동적으로 상대의 장점을 찾고, 그 장점에 대해 감사하는 태도를 가지며, 다른 사람 앞에서 상대 칭찬을 많이 하라. 그럴수록 자신에 대한 칭찬 역시 쌓일 것이다.

셋째, 소통과 대화를 많이 하라. 부부 간의 문제는 당연히 소통과 대화의 부족에서 나온다. 일부러라도 기회와 시간을 만들어 소통과 대화를 자주 하라. 지속적인 소통과 대화를 통해 부부로서 유대감을 형성하고 유지하라. 문제는 줄어들고 다시금 사랑이 싹틀 것이다.

넷째, 함께하는 취미나 활동을 만들라. 일상생활 중에 규칙적으로 취미나 활동을 같이 하라. 아무리 부부라도 신혼의 애정을 계속 견지하기란 어렵다. 오히려 취미나 활동을 함께하는 친구요 동호인이 되는 것이 건강한 부부 관계를 지속시키는 데 훨씬 도움이 될 것이다.

다섯째, 역할 분담을 확실히 하라. 바람직한 가정을 이루기 위해서는 많은 역할과 책임이 필요하다. 그것을 부부 사이에 어느 일방이 많이 짊어진다면, 필연적으로 갈등과 다툼이 따르게 마련이다. 서로가 좋아하고 잘하는 우선순위를 정해서 민주적으로 공평하게 그 역할과 책임을 나누라. 가정에 평화가 오고 활기가 생길 것이다.

여섯째, 인격적으로 존중하며 배려하라. 서로의 생각과 의견이 다르더라도 애써 공감하고 입장을 바꿔서 생각하자. 싸움을 하더라도 절대 욕하거나 폄하하는 등의 상처를 주지 않아야 한다. 스스로의 실수나 잘못에 대해서 솔직히 사과하고 책임을 지는 태도도 필요하다. 뭐니뭐니 해도 결국 내 남편이요 내 아내가 아닌가. 내 배우자를 인격적으로 존중하며 배려하도록 하자.

- 부부란 하늘이 내려준 인연으로 맺어져, 운명적으로 만나 결혼에 이르러 남편과 아내로 자리매김한다.
- 부부 관계의 유지는 사랑만으로는 이루어질 수 없고, 다른 어떤 관계보다도 더욱 부단한 노력이 필요하다. 무엇보다도 배우자를 인격적으로 존중하며 배려하도록 하자!

가족의 소통, 이웃과 지역과 사회의 소통으로 연결

가족은 사회를 이루는 가장 기본적인 단위로서 우리 삶과 가장 가까운 사회 집단이다. 가족은 운명적인 인연(姻緣)과 혈연(血緣)으로 맺어진 삶의 보금자리다.

우리에게 가족만한 보금자리와 안식처가 또 있을까? 그런 만큼 가족을 제대로 알고 가족 안에서 제대로 소통해야 할 것이다.

소통 잘하는 가족의 특성

가족은 '소통'을 통하여 서로에 대한 애정과 불만을 표현하거나, 가족 내에서 발생하는 여러 가지 크고 작은 문제들을 해결한다. 가족 구성원 간의 충분한 이해 속에서 이루어지는 민주적 소통은 가족의 건강한 발달과 안정적 유지를 위해 매우 중요하다.

인간관계 중 가장 가까운 관계가 바로 가족 관계이다. 그만큼 밀접하고 친밀하다. 그러나 그만큼 서로 밀접한 관계에 있기 때문에 문제가 발생했을 때 더욱 감정적으로 흐르기 쉽다. 원초적으로 사랑과 신뢰의 가족 관계이기에, 가족 간에 갈등과 다툼으로 받는 상처는 더욱 깊고 아플 수밖에 없다. 따라서 가족은 다른 사회 집단보다 오히려 소통에 장애가 많고, 불통에 따른 문제가 심각할 수 있다.

그렇다면 우리 가족은 소통을 잘하고 있는가?

일반적으로 소통을 잘하는 가족의 특성은 다음과 같다. 우리 가족도 이런 특성을 지니고 있는지, 점검해 보기 바란다.

1 대화를 자주 하며 친밀한 관계임을 자주 표현한다.

2 대화 중 화제를 돌리거나 부정적인 말, 업신여기는 말 등을 하지 않는다.

3 서로 경청하고 상대의 말이나 행동에 공감하며 반응한다.

4 표정이나 몸짓(스킨십)과 같은 비언어적인 행동도 중요하게 여기며 표현한다.

5 가족 안에서도 서로 개인적인 감정과 독립적인 사고를 존중한다.

가족 안에서의 건강한 소통

건강한 가족이 되려면 그 무엇보다 건강한 소통이 필요하다. 가족의 소통은 먼저 자기와 가족에 대한 바른 인식과 수용에서 시작한다. 반성과 성찰을 통해서 자신과 가족에 대해 깨닫는 것이다. 가족 안에서 건강한 소통을 이루기 위한 지침을 드린다.

먼저, 내 자신부터 '건강한 자아'를 찾아야 한다. 그러기 위해선 긍정적 자기개념을 쌓아야 한다. 부정적이고 편협한 자아에서 벗어나 내면의 근원적 존재인 진정한 자아를 찾는 것이다. 평소에는 물론이고 어려운 상황과 환경 속에서도 스스로를 신뢰하며 자신의 감정과 이성, 태도와 행동을 긍정적으로 이끌어야 한다. 더 나아가 자신이 얼마나 소중한 존재이고, 사랑 받기에 충분한 존재인가를 깨닫는 자기 정체성과 자존감을 향상시켜가야 한다. 이렇게 가족들 사이에서 긍정적 자기 개념을 쌓고 긍정적 자기 인식을 하다 보면 자신과 가족을 자연스럽게 받아들이게 되는 것이다.

그런 다음에 다른 가족 구성원들에 대한 바른 인식과 수용이 필요하다. 한 가족이라고 다 같을까? 아니다. 한 가족임에도 성격과 가치관이 얼마든지 다를 수 있다. 그것이 인간의 자유의지요 개성이기 때문이다. 그로 인해 발생하는 갈등과 오해와 다툼이 가족 안에서도 왕왕 발생한다. 그렇다고, 보지 않는다? 헤어진다? 그럴 수도 없다. 가족은 운명적 공동체이다. 결코 떼려야 뗄 수 없는 관계이다. 바꿀 수도 없다.

따라서 아무리 가족이라도 서로 다름을 인정하자. 기본적으로 당연히 한 가족으로서 같음이 많겠지만, 가족 구성원 간 서로 다르다는 것도 인정하자. 그 다름은 결코 옳고 그름이 아니다. 각자의 개성과 특성이 다를 뿐이다. 그것은 차별이 아닌 차이일 뿐이다. 그런 인식 아래 나와 가족을 편안히 인정하게 되는 것이다.

- *결론적으로 나를 먼저 제대로 이해하고 사랑할 때 그리고 가족을 제대로 인정하고 사랑할 때 건강한 소통의 문이 열리는 것이다.*

가족의 건강한 소통은 곧 이웃 간의
건강한 소통으로, 또다시 지역의 소통과
사회의 소통으로 연결되며, 우리를
건강하게 살릴 것이다.

가족의 소통, 이웃과 지역과 사회의 소통으로 연결

가족의 건강한 소통은 곧 이웃 간의 건강한 소통으로 이어지게 마련이다. 이웃의 소통은 또다시 지역의 소통, 사회의 소통으로 연결된다.

우리 사회의 큰 불행이었던 '이태원 참사'는 우리 사회의 구조적 병폐를 그대로 보여준다. 참사의 원인과 배경을 놓고 경찰 수사가 수없이 진행됐고, 국정조사도 진행되었다. 그렇지만 어느 것 하나 제대로 밝혀지고 풀려지지 않았다. 우리 사회의 모든 병폐가 얼기설기 얽혀 있기 때문이리라.

저자는 그 근본 원인이 '불통'이라고 본다. 소통이 아닌 불통. 직접적으로는 당시 좁은 골목에 터질 듯 몰린 인파 간에 전혀 소통이 되지 않았다. 그리고 쉴 새 없는 대책과 구조 요청에도 경찰과 소방 당국이 제대로 대응하지 못했다. 이를 관장하는 행정안전부 등 정부 당국도 마찬가지였다. 불통이다.

용산구와 서울시도 지차체로서 구민과 시민의 안전 대책을 소홀히 했으며, 재난 시 역할도 제대로 못했다. 이 와중에 사실과 진실 파악보다는 정쟁에 이용하려는 일부 언론과 세력도 마찬가지였다. 역시 불통이다.

이 불통을 치료하지 않는 한 우리 사회의 비극은 계속될 것이

다. 더 늦기 전에 건강한 소통, 우리는 살리는 소통으로 나아가야
한다.

- 소통의 궁극적 목적은 건강한 관계 맺기를 통해 서로의 자아를
  인정하고 인정받는 것이다. 결국, 소통이란 서로가 '열린 자
  아'로 나아가는 것이다.
- 긍정적 자기개념으로 자신과 가족을 인정하고 사랑하며 제대
  로의 건강한 소통의 문을 열자! 가족의 건강한 소통은 곧 이웃
  간의 건강한 소통으로, 또다시 지역의 소통과 사회의 소통으
  로 연결되며, 우리를 건강하게 살릴 것이다.

제2부

성공 대화

대화는 인간관계의 기본, 일상생활의 기반

소통은 뭐든지 시원하게 그리고 여유롭게 열려 있는 것이다. 열려 있어야 받아들일 수 있다. 내가 진정으로 내 자신과, 가족과, 친구와, 이웃과, 세상과 소통할 때 비로소 인생의 성공과 행복이 열리는 것이다.

대화는 인간이 소통을 하기 수단이다. 인간 커뮤니케이션 기본이 대화이다. 제대로 말하고 제대로 들어야, 제대로 주고받아야 소통이 된다. 즉, 대화를 통해 소통을 제대로 해야 하는 것이다.

대화는 소통의 기본 수단으로서, 인간 커뮤니케이션의 중심이다. 따라서 소통과 대화는 따로 떼어서 볼 것이 아니라, 하나의 연결 개념으로 상정할 때 제대로 된 소통과 대화를 하게 된다. 그래서 우리가 소통과 대화를 제대로 생각하고 깨닫고 배워서 우리 삶에 실제적으로 적용할 때 비로소 우리 삶의 성공과 행복이 열릴 것이다.

대화와 의사소통에 대한 이해

대화는 나와 상대가 마주 대하여 말(이야기, 콘텐츠)을 주고받는 것이다. 대화는 소통의 기초요, 시작이다. 대화는 주로 말로 하는 것이 일반적이지만, 글과 신체언어 또 다른 수단으로 나누는 대화도 있다. 또한 둘이 나누는 대화를 비롯하여 개인과 집단, 집단과 집단이 나누는 대화도 있다. 거기에 오프라인 대화를 넘어서 요즘은 온라인 대화도 성행하고 있다.

대화는 인간관계의 기본이다. 사람과 사람 사이의 소통은 보통 대화로 이루어지고, 대화를 기반으로 사람과 사람 사이에 관계가 쌓여지기 때문이다. 아울러 우리의 일상생활 자체가 대화를 기반으로 이루어진다. 일상에서의 모든 만남과 업무가 대화를 기반으로 하기 때문이다.

따라서 우리가 바람직한 인간관계를 위해서, 또 건강한 일상생활을 위해서 대화만큼 중요한 것이 없다.

의사소통은 무엇인가 생각을 전달하고
상대방이 이해해서 반응이 오고 가는 과정이다.
사람들 간에
생각이나 감정 등을 교환하는
총체적인 과정이자 행위이다.

이렇게 인간관계와 일상생활에서 소통을 위해 나누는 대화를, 우리는 '의사소통'이라고 일컫는다. 의사소통은 가지고 있는 생각이나 뜻이 서로 통하는 것을 말한다.

의사소통은 말과 글을 통한 언어적 요소는 물론 제스처나 자세, 얼굴 표정, 눈맞춤, 목소리, 억양 등과 같은 비언어적 요소를 통해서도 이루어질 수 있다. 그래서 친한 친구끼리는 눈빛만 봐도 그 친구가 무슨 말을 하고 싶어 하는지 알 수 있다. 그런 것이 처음 보는 외국인과도 가능할까? 텔레파시가 통하지 않는 한 그렇게 되기는 어려운 일이다.

따라서 의사소통은 이렇게 무엇인가 생각을 전달하고 상대방이 이해해서 반응이 오고 가는 과정이다. 사람들 간에 생각이나 감정 등을 교환하는 총체적인 과정이자 행위인 것이다.

의사소통의 네 기둥 - 듣기, 말하기, 읽기, 쓰기

그렇다면, 의사소통을 하는 방법에는 어떤 것들이 있을까?

우리가 태어나서 '말'을 배워왔던 과정을 상기해 보자, 아기가 말을 배우기 전에는 그냥 울거나 웃는 것처럼 표정과 몸짓으로 표현을 할 수밖에 없었다. 그래도 엄마는 끊임없이 아기의 이름을 부르며 이야기를 해준다. 아기는 엄마가 해 주는 수많은 이야기들을 들으면서 처음 소리로 된 '언어'를 익히게 된다. 조금 더 자라서 글자를 배우게 되면, 그제야 책도 읽고, 자기 이름도 쓸 수 있게 되는 것이다.

의사소통은 이렇게 듣고, 말하고, 읽고, 쓰는 활동을 통해 이루어진다. 외부로부터 음성이나 문자 형태의 정보들이 우리 머릿속에 입력되면, 그 정보가 이해의 과정을 거쳐 그에 대응하는 적합한 말이나 글로 나타나게 된다. 즉, 듣기와 읽기를 통해 이해를 하게 되고, 이를 말하기와 쓰기를 통해 표현하게 된다. 이러한 듣기와 읽기, 말하기와 쓰기가 의사소통의 네 기둥인 것이다.

우리는 누구든 의사소통을 잘하고 싶어 한다. 그러나 생각만큼 의사소통이 잘되지는 않는다. 그만큼 어려운 것이 의사소통이기도 하다. 그래서 이 의사소통을 잘하는 사람에게, 특별히 '능력'을 붙여 '의사소통능력'이 뛰어나다고 한다.

의사소통능력은 인간관계나 일상생활에서 말과 글을 통해 상대방의 의견을 듣거나 자신이 뜻한 바를 표현할 때, 그 의미를 정확하게 파악하고 이해하며 바르게 전달할 수 있는 능력을 의미한다. 또한 오늘의 글로벌 시대에 필요한 외국어 문서이해능력과 의사표현능력도 포함한다.

따라서 의사소통능력은 글과 말을 중심으로 한 문서이해능력,

문서작성능력, 경청능력, 의사표현능력은 물론이고 기초외국어 능력까지 포함하기도 한다.

한편, 단지 말만 잘한다고 해서 의사소통능력이 뛰어나다고 할 수 있을까? 물론 그렇지 않다. 위에서 말한 의사소통의 네 기둥인 듣기, 말하기, 읽기, 쓰기가 골고루 균형 있게 발달해야 의사소통 능력이 제대로 있다고 말할 수 있다.

대화와 의사소통을 잘 하려면

그렇다면 어떻게 해야 대화와 의사소통을 잘할 수 있을까? 어떻게 하면 의사소통능력을 제대로 갖출 수 있을까?

소통을 잘하기 위한 대화와 의사소통에 대한 소망은 누구나 갖고 있다. 그러나 그런 소망에도 불구하고, 실제 일상생활에선 제대로 대화를 나누지 못해, 제대로 의사소통을 하지 못해 적잖게 고민에 빠지고 갈등과 후회에 빠지기도 한다.

왜 그럴까? 그것의 가장 큰 원인은 대화와 의사소통에 대한 이해와 훈련이 부족하기 때문이다. 요즘에야 대화와 의사소통에 대한 가치와 중요성을 인지하고 강조하는 시대이기에, 이미 초등학교부터 듣기, 말하기, 읽기, 쓰기 교육이 진행되고 있지만, 기성세대는 그런 교육을 제대로 받지 못한 것이 사실이다. 또한 학교 교육도 여전히 원론적 수준에 머물고 있는 경우가 많아 실제 일상생활에 적용하기도 쉽지가 않다.

따라서 2부 '성공 대화' 편에서는 더욱 실제적인 방향으로 나아가고자 한다. 실제의 우리의 인간관계와 일상생활에 바로 적용하고 활용 가능한 내용과 방법 위주로 진행할 것이다

- 우리 모두는 건강한 '열린 소통'을 지향한다. 그러기 위해서 소통의 기초요 중심인 '대화'를 핵심 키워드로 해서, 의사소통의 네 기둥인 듣기, 말하기, 읽기, 쓰기를 골고루 균형 있게 발달시켜야 한다.
- 우리가 바람직한 인간관계를 위해서, 또 건강한 일상생활을 위해서 이 대화만큼 중요한 것이 없다. 우리 함께 성공과 행복의 '소통'과 '대화'의 세계로 달려가자!

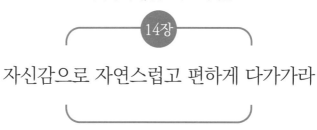

자신감으로 자연스럽고 편하게 다가가라

대화는 소통의 기초요, 시작이다. 대화는 소통의 기본 수단으로서, 인간 커뮤니케이션의 중심이다. 우리가 바람직한 인간관계를 위해서, 또 건강한 일상생활을 위해서 대화만큼 중요한 것이 없다.

그런 만큼 우리는 누구든 대화를 잘하고 싶어 한다. 그러나 생각만큼 대화가 잘되지는 않는다. 실제 일상생활에선 제대로 대화를 나누지 못해, 제대로 의사소통을 하지 못해 적잖게 고민에 빠지고 갈등과 후회에 빠지기도 한다. 그만큼 어려운 것이 대화요 의사소통이다.

왜 상대에게 다가가기 힘든 것인가

대화는 혼자서 하는 것이 아니다. 상대가 있어야 한다. 그러나 적잖은 사람들이 처음 만나는 상대에게 다가가기 힘들어 한다. 주로 상대가 내게 다가오기를 기다리는 게 일반이다. 왜 상대에게 다가가기 힘든 것인가?

■ 처음 만남 및 처음 대화에 대한 초조함과 두려움 때문이다.
■ 처음에 무슨 말로 시작해야 할지 모르기 때문이다.
■ 상대가 내게 관심이 있을지 없을지 확신이 없기 때문이다.
■ 상대에게 먼저 다가가는 방법을 잘 모르기 때문이다.

다가가지 못하는 사람들의 잘못된 선입견과 그 탈출법

그렇다면 이렇게 상대에게 제대로 다가가지 못하는 사람들의 잘못된 선입견은 어떤 것이 있으며, 또 이런 잘못된 선입견에서 탈출하는 방법은 어떤 것이 있을까?

1. '혹시 방해가 되지나 않을까?'

아니다. 방해는 무슨. 같은 고민을 갖고 있는 상대는 말을 걸어오는 당신을 오히려 고마워할 것이다. 그러니 자신감을 갖고 먼저 다가가기 바란다.

2. '날 좋아하지 않거나 재미없다고 생각하지 않을까?'

아니다. 상대는 자신에게 고맙게 다가오는 이에게 만남과 대화의 기회를 제공하며, 내게 호감과 흥미를 갖는다.

3. '혼자 있고 싶은 건 아닐까?'

아니다. 혼자 있고 싶어서 만남과 모임에 가는 사람은 없다. 다가가서 편하게 어울리면 된다.

4. '모르는 사람과 무슨 이야기를 나누겠어?'

아니다. 오히려 새로운 만남의 기회로, 또 새로운 관계맺기와 인간관계로 확장된다.

5. '대화가 잘 안되면 난 또 좌절감만 느낄 거야!'

왜 미리 사서 걱정하는가. 처음부터 대화가 술술 풀릴 순 없다. 그냥 소박하게 시작하고 그런 대로 이어가면 된다. 대화에서는 똑똑한 척이 아닌 편한 만남, 편한 대화에 중점을 두면 된다.

처음 만나는 상대와 모임을
두려워하지 마라.
자신감을 갖고 자연스럽고 편하게
다가가면 된다.

처음 만남과 모임에 무리 없이 다가가는 법

우리는 일상생활에서 적잖은 모임에 나가게 된다. 그것도 처음 나가게 되는 모임이라면 설레기도 하지만, 두렵기도 하다. 그런 모임에 무리 없이 다가가는 법을 알아보자.

1. 사전에 모임의 성격에 대한 정보를 구하고 이해하라. 처음 참여하는 모임이라면, 당연히 사전에 모임의 성격에 대해 알아보고, 그에 어울리는 옷차림, 수준, 대화 주제 등을 갖추고 나가는 것이 예의요, 관계를 넓히는 데 도움이 된다. 그래서 해당 모임과 관련된 화제에 대해 자신있게 참여하고 관련 질문도 해보라.

2. 살며시 다가가 자연스레 합류한다. 처음 모임에 나가서 대화 무리에 접근할 때 너무 경직되지도, 너무 부산을 떨지 않아도 된다. 자연스럽게 편하게 다가가면 된다.

3. 아는 이와 먼저 인사를 나눠라. 모임의 무리 가운데 아는 이가 있다면 먼저 다가가 인사를 나눠라. 그 사람이 모인 사람들에게 당신을 자연스럽게 소개시켜 줄 것이다. 아는 이가 모임에 있다는 걸 미리 알았다면, 사전에 도움을 요청해 두면 된다.

4. 다정한 미소로 상냥하게 인사하며 접근하라. 대화 무리에 처음 참여할 때는 "제가 방해하는 건 아닌가요?" 하며 솔직히 또 예의 있게 접근하면 된다.

5. 부드럽게 인사한 뒤 자신을 겸손하게 그러면서도 특별하게 소개하라. 우리는 일상생활에서 자기를 소개할 기회가 대단히 많다. 자신을 제대로 알리고 호감을 갖게 하는 자신만의 특별한 자기소개를 미리 연구하고 연습도 해두자. '이상한 변호사' 우영우는 자신만의 독특한 자기소개로 자신의 인상과 존재를 각인시키지 않던가. 당신도 자신의 이름과 특성(장점)을 위주로 간략하면서도 인상 깊게 각각의 대상과 상황에 맞는 몇 가지 자기소개를 꼭 준비해서 활용하기 바란다.

6. 대화 무리에 참여하기 전 그들의 대화 내용과 수준을 잘 관찰하라. 그래서 그에 어울리는 내용과 수준을 잠시라도 미리 준비하고 접근하라. 현재 화젯거리에 참여하면서 당신의 존재를 자연스럽게 알려라. 좋은 인상을 남기고 관계를 확장할 수 있을 것이다.

7. 호감 가는 상대나 그룹에 먼저 다가가라. 당신이 먼저 다가가 말을 걸면 결정적 이점이 따른다. 그건 누구와 이야기할지 당신이 정

할 수 있다는 것이다. 이왕이면 당신이 만나고 싶은 사람, 만나야 될 사람에게 먼저 친근하게 다가가면 된다. 그렇게 만난 사람들이 당신의 인간관계를 확장해 주며 또 도움을 주게 될 것이다.

대화 무리에 끼어들 때 주의점

이렇게 처음 만남과 모임에서 무리 없이 다가가면 되지만, 그런 모임에서 대화 무리에 끼어들 때는 나름대로 조심해야 할 것들이 있다.

1 자기중심적으로 보이는 자신만의 이야기는 삼가라.

2 부정적이고 냉소적인 말은 절대 삼가라.

3 상대 의견에 함부로 이렇다 저렇다 평하지 마라.

4 가능한 정치, 종교 같은 무거운 주제는 삼가라.

5 모임 성격에 어울리지 않는 대화는 꺼내지 마라.

6 자신이 좋아하지 않는 상대나 대화 주제도 참아내라.

- 대화는 나 혼자 하는 게 아니다. 상대와 하는 것이다. 처음 만나는 상대와 모임을 두려워하지 마라. 위에서 말한 지침들을 참고하여, 자신감을 갖고 자연스럽고 편하게 다가가면 된다.
- 여기 그리고 지금 이 순간에 충실하라. 그럴 때 인생에서 엄청난 기회가 열리고, 건강한 인간관계가 확장될 것이다.

대화 발전을 위한 마인드와 도구를 갖춰라

대화 발전을 위한 마인드

쉽지 않은 첫 만남과 대화를 그런 대로 잘 시작했다면, 이제 대화를 계속 잘 진행하고 발전시켜 가야 한다. 그러기 위해선, 무엇보다도 먼저 대화 발전을 위한 마인드를 갖추는 것이 중요하다. 바로 '긍정적 마음가짐'이다.

사람들은 보통 그런 대로 대화를 시작해 놓고도 '이제 뭘 얘기하지? 할 얘기가 별로 없는데...', '어떻게 대화를 계속 이어가지? 난 자신 없으니 상대가 이끌어주면 좋겠는데...' 등의 소극적이고 부정적인 마음을 갖곤 한다. 그런 부정적 마음이 대화의 진전과 발전을 가로막는 것이다.

오히려 '대화를 잘 시작했으니, 그래 계속 잘 이어갈 수 있을 거야.', '우린 서로 도와가며 많은 얘기를 함께 나눌 수 있을 거야', '대화는 잘 발전될 거고, 그런 만큼 우리 관계도 더 잘 될 거야' 등의 긍정적 마음이 필요하다. 이런 긍정적 마음이 자연스럽게 대화의 진전과 발전을 가져올 것이다.

대화 탐험에 필요한 도구들

우리가 아프리카 밀림을 탐험한다고 가정해 보자. 생전 처음 가보는 밀림, 그것도 적잖은 위험이 도사리고 있을 밀림을 탐험하기 위해선 철저한 준비와 꼭 필요한 도구들을 갖추어야 한다. 대화라는 탐험도 마찬가지다. '대화 탐험'에도 철저한 준비와 꼭 필요한 도구들을 제대로 갖추는 것이 중요하다.

대화의 탐험에 필요한 준비와 도구들로선 지도와 나침반, 망원경, 삽, 방충제 등이 있다. 이에 대해 차례대로 알아보도록 하자.

대화는 감성의 교류다.
가식이 아닌 진실한 모습으로
상대를 대할 때
그 교류는 더욱 깊어질 것이다.

1. 지도와 나침반 - 계획 세우기

밀림 탐험에서 목적지까지 잘 찾아가려면 반드시 지도가 필요하다. 대화 탐험에서도 대화의 목적을 잘 정하고 그 목적에서 벗어나지 않고 제대로 잘 찾아가려면 '대화의 지도'가 필요하다. 대화의 지도를 통해 미리 대화의 목적을 잘 정하고 잘 이어가도록 하자.

나침반은 방향을 찾는 데 요긴하게 쓰인다. 대화 탐험에서도 대화의 주제와 방향을 잘 정하고 찾으려면 '대화의 나침반'이 필요하다. 대화의 나침반은 대화의 주제와 방향은 물론이고, 대화를 순조롭게 이끌어갈 구체적 아이디어도 제공할 것이다.

아울러 우리는 대화의 지도와 나침반을 통해 대화에서 필요한 세 가지를 잘 준비해야 한다. 바로 자신과 상대와 상황이다.

먼저, 자신에 대한 준비는 자신을 명쾌히 소개할 준비를 갖추면 된다. 자신의 이름이나 특징을 인상 깊게 호감 가도록 전하기 위한 기지와 아이디어를 동원하도록 하자.

상대에 대한 준비는 우선 상대에 대한 순수한 관심과 사전 정보 획득이다. 아울러 대화의 물꼬를 틀어 줄 상대와 관련된 쉽고 편안한 질문 몇 가지도 준비해 두도록 하자.

상황에 대한 준비는 상대와 만날 시간과 장소에 대한 준비이다. 일반적으로 상대와 언제 어디서 만날 건지는 사전에 약속을 해두기에, 미리 그 시간과 장소에 대한 사전 정보 획득 및 그에 어울리는 준비를 해두는 것이 좋다. 그 시간과 장소에 잘 어울릴 만한 복장이나 분위기, 또 대화의 주제 등을 미리 갖추어 놓도록 하자.

2. 망원경 – 관찰하기

밀림 탐험에서 주위 사방을 잘 관찰하려면 반드시 망원경이 필요하다. 대화 탐험에서도 상대와 주변 정황을 잘 관찰하려면 '대화의 망원경'이 필요하다. 대화의 망원경을 통해 상대와 주변 정황을 잘 관찰하면서 대화를 잘 이어가도록 하자.

먼저, 대화 상대의 모든 걸 잘 관찰하라. 자신의 모든 감각을 동원해 잘 듣고, 잘 보고, 잘 느껴라. 특히 상대의 얼굴 표정과 제스처를 잘 살펴라. 표정과 제스처는 말 이상의 많은 정보를 담고 있다. 말은 거짓으로 할 수 있어도, 표정과 제스처는 가장하기가 쉽지 않다. 그만큼 솔직하고 정직하다. 이를 잘 관찰해 상대의 심정과 정서를 잘 파악하도록 하자. 그만큼 대화의 주제와 방향과 수준을 조정하는 데 큰 도움이 될 것이다.

아울러 상대는 정말로 자기가 하고 싶은 이야기를 무의식 중에 흘리는 말이나 위의 표정과 제스처 등을 통해 알리는 경향이 있다. 이것도 잘 관찰하도록 하자. 이를 단서로 상대의 숨은 의사나 심정을 잘 파악해 자연스레 대화를 잘 이어가며 발전시켜 갈 수 있을 것이다.

그리고 대화의 망원경으로 상대뿐 아니라 주변 정황과 사물 등도 잘 관찰할 필요가 있다. 그렇게 해서 파악된 정보 역시 자연스레 대화의 화제에 올리는 등 대화를 잘 이어가며 발전시키는 데 요긴하게 활용될 것이다.

3. 삽 - 파고들기

밀림 탐험에서 숲을 헤쳐 나가거나 야영 텐트를 치려면 반드시 삽이 필요하다. 대화 탐험에서도 대화를 더욱 진전시키고 발전시켜 가려면 '대화의 삽'이 필요하다. 대화의 삽을 통해 대화를 계속 잘 진전시켜 가도록 하자.

먼저, 대화 이전에 우선 서로 간에 신뢰를 쌓는 것이 중요하다. 그런 바탕 위에서 대화의 삽을 통해 순수한 호기심을 품고 상대와 대화하는 것이 필요하다. 그러기 위해선 상대의 의견과 경험과 지식을 존중하며 대화에 임해야 한다. 아울러 상대를 더욱 알기 위한 질문 몇 가지를 미리 준비해 두는 것도 큰 도움이 된다.

처음부터 너무 깊은 얘기보다는 상대 및 분위기를 편하게 해줄 가벼운 잡담을 나누는 것도 좋다. 인사 후 가볍게 한두 마디를 더 하면 된다. 오늘 날씨가 어떻다든지 상대방 옷이 어떻다든지, 나아가 상대방이 잘 지내고 있는지 안부나 건강 등을 물어보면 훨씬 부드러운 대화로 이어나갈 수 있게 된다. 사실, 모든 대화는 잡담에서 시작한다. 잡담 기술은 대화와 인생에서 중요한 무기가 될 수 있다. 어느 정도 잡담 기술을 익혀 놓으면 인간관계를 넓고 깊게 하는 데 큰 도움이 될 것이다.

이어서 상대와 상대의 이야기에 관심 있다는 걸 보여주라. 상대가 한 말을 요약하거나 끝 부분 말을 다시 한번 말해 주면서 대화를 이어가거나, 상대의 말에 적절한 반응이나 리액션을 해주는 것이 중요하다.

4. 방충제 – 문제 예방

밀림에는 온갖 곤충과 벌레들이 들끓기 마련이다. 이들을 잘 퇴치하기 위해서는 방충제가 필요하다. 대화 탐험에서도 대화의 맥을 끊는 '벌레떼'를 퇴치하기 위해서는 효과 좋은 '대화의 방충제'를 준비하는 것이 좋다. 대화의 방충제를 통해 대화를 방해하는 벌레떼를 퇴치하면서 대화를 잘 이어가도록 하자.

먼저, 대화 초반엔 가능한 일(업무)에 대해 이야기하는 걸 피하라. 처음부터 대화의 분위기를 딱딱하게 할 필요가 없다. 위에서 얘기한 편한 잡담부터 나누는 것이 좋다. 아울러 논란의 소지가 많은 주제, 예를 들면 종교나 정치 같은 주제는 되도록 피하라. 그런 대화의 벌레떼를 방충제로 예방하는 것이 대화의 상대 및 분위기를 편하게 할 것이다.

그런 대신에 가벼운 농담이나 유머를 활용하는 것도 좋다. 그러나 그럴 때도 너무 진하거나 남을 비하하는 식의 농담이나 유머는 삼가야 한다는 것도 명심해야 할 것이다.

궁극적으로 대화는 쌍방향이 되어야 한다. 서로가 공평하게 나누어야지, 어느 일방이 주도하거나 독점해서는 안 된다. 가장 건강한 대화는 양쪽이 모두 균등하게 참여하는 것이다.

대화 발전을 위한 지침

'대화의 발전, 굿프로세스 대화법'의 결론으로, 대화 발전을 위한 지침을 다음과 같이 드린다.

1. 다정한 인사로 시작해 편하게 대화를 이어가라.
2. 일단 욕심 없이 작게 시작하라.
3. 첫 대화는 급하지 않게 하라. 양파 껍질을 하나하나 벗겨 가듯 서서히 진행하라.
4. 당신과 상대의 삶에서 공통분모, 공동관심사를 찾아라. 이를 대화에 활용하면 서로의 친밀도가 급격히 상승하게 된다.

5 대화 중에 상대의 이름을 자주 불러주라. 역시 친밀도와 호감을 높여줄 것이다.

6 상대방 말에 대해 긍정적 반응과 리액션을 자주 하라.

7 상대방에 대한 격려와 칭찬을 잊지 말라. 나에 대한 호감과 함께 서로의 관계가 깊어질 것이다.

8 상대가 선호하는 의사소통 방식을 포착해 활용하라.

9 대화는 감성의 교류이다. 가식이 아닌 진실한 모습으로 상대를 대할 때 그 교류는 더욱 깊어질 것이다.

10 '굿프로세스 대화법'을 자주 연습하라. 점차 자신감이 커갈 것이다.

• 대화는 모험이자 탐험이다. 그 모험과 탐험의 끝에서 대화의 보물을 찾자.

• 대화를 잘 진전시키고 발전시키기 위한 위의 지침들을 적극 활용해 보기 바란다. 그러면 대화의 모험과 탐험은 더욱 즐겁고 또 아름다운 결실을 낳을 것이다.

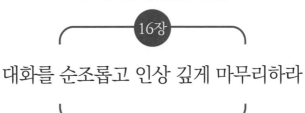

대화의 마무리, 굿엔딩 대화법

16장

대화를 순조롭고 인상 깊게 마무리하라

대화는 그 시작과 전개가 중요하지만, 아무래도 마무리가 잘돼야만 한다. 지난 장에서 '대화의 시작, 굿스타트 대화법' 및 '대화의 발전, 굿프로세스 대화법'을 다루었다. 이제 대화의 마무리, 즉 대화의 완성을 위한 '굿엔딩 대화법'을 배우도록 하자.

왜 제대로 대화를 끝맺지 못하는가?

대화를 처음 나름대로 시작했고 또 그런대로 전개했음에도, 우리는 제대로 대화를 끝맺지 못해 당황하거나 난처할 때가 많다. 왜 우리는 제대로 대화를 끝맺지 못하는가?

첫째, 아무래도 대화에서 가장 힘든 부분이 대화의 마무리이기 때문이다. 대화를 시작했으면 잘 전개해 서로가 만족스러운 결말로 맺는 것이 가장 바람직할 것이다. 그걸 잘 알면서도 대화의 마무리가 매끄럽게 이루어지지 못하고, 겨우 힘겨운 탈출을 하거나 뭔가 찜찜하게 끝나는 게 보통이다. 그만큼 어려운 것이 대화의 마무리이다.

둘째, 대화가 그런대로 진행되니까 마무리를 주저하며 머뭇거리게 된다. 대화를 어렵게 시작해 그런대로 전개되고 있기에, 그만큼 마무리가 멀리 있는 것 같고 실제 마무리가 제대로 안 되는 경우가 많다.

셋째, 무례해 보이기 싫지 않기 때문에 먼저 대화를 마무리짓지 못하는 경우도 많다. 특히 자신보다 높은 연배이거나 선배나 상사인 경우에 더욱 그렇다.

넷째, 대화 주도권이 상대에게 있는 것도 원인이다. 이미 상대가 대화의 주도권을 쥐고 있다면, 당연히 내가 먼저 대화를 마무리하기가 쉽지 않다.

다섯째, 다른 사람과 다시 대화를 시작하는 게 두렵기 때문이다. 모임 같은 데서 현재의 상대방과 간신히 대화를 시작하고 전개했는데, 또다시 다른 사람을 만나 대화를 시작한다는 건 쉽지 않은 일이다. 특히 내성적이거나 소극적인 사람에겐 영 불편하거나 심지어 두렵게까지 할 것이다.

대화의 마무리는 어려운 법이다

대화는 나와 상대와의 역동적인 상호작용이다. 그 결과는 둘의 관계와 상황에 따라 달라지게 마련이다. 그렇기에 대화가 순조롭게 마무리되지 않았다고 자신만 탓할 필요는 전혀 없다. 당연히 상대에게도 책임이 있다.

사실, 모든 이와 완벽히 대화를 나눈다는 건 불가능하다. 사람은 다 다르다. 그것이 사람마다 갖는 개성이다. 그에 따라 대화의 방식도 사람마다 다 다르다. 모든 대화가 사람에 따라 나름대로 독특한 성격을 띠는 것이다. 따라서 모든 대화가 성공적일 순 없다. 그만큼 대화의 마무리가 어려운 법이다.

아무리 좋은 대화라 하더라도
끝내야 될 때는 끝내야 한다.
굿엔딩 대화법으로 잘 끝내도록 하자.

가망 없는 대화에서 자연스레 탈출하기

　뭐든 한창일 때 끝내라는 격언이 있다. 마찬가지로 대화도 한창일 때 끝내는 것이 좋다. 완벽한 마무리가 좋겠지만, 무언가 여운을 남겨 두고 미래의 만남을 기대케 하는 것도 향후 인간관계에 도움이 될 것이다.

　아무리 좋은 대화라 하더라도 끝내야 될 때는 끝내야 한다. 이왕이면 잘 끝내도록 하자. 이제 대화의 마무리, 대화의 굿엔딩을 위해 그 요령과 지침을 드리고자 한다.

　첫째, 대화에 참여하기 전에 미리 대화의 방향과 목표를 준비하라. 대화를 제대로 마무리하지 못하는 건 그만큼 준비가 되지 않았기 때문이다.

　둘째, 대화의 호신술을 사용하라. 상대가 대화의 주도권을 쥐고 밀어붙인다면, 격투기에서 상대의 힘을 역이용하듯이, 대화에서도 적절히 상대에게 맞춰 주면서 마무리하면 된다.

　셋째, 끝내야 하는 이유를 정직하게 말하라. 대화를 끝내야 하는 사정을 솔직하게 또 예의 있게 전하며 마무리하도록 하자. 이왕이면,

피치 못할 사정으로 어쩔 수 없다는 여운과 인상을 남기도록 하자.

한편, 모임에서 가망 없는 대화가 끝없이 이어진다면, 그만큼 괴로울 때도 없다. 이런 상황에서 자연스레 탈출하는 것도 대화의 마무리 지혜다.

먼저, 다른 사람을 연결해 주고 자연스레 빠져 나와라. 다른 대화 그룹의 지인을 현재 대화 그룹으로 초대해 소개하고 연결해 주면서 자신은 자연스레 빠져 나오면 된다.

집단의 심리와 행동 양식을 적절히 이용하라. 보통 일곱 사람까지는 무리 내에서 제대로 인식되지만, 그 이상 인원의 무리에서는 한둘이 들어오고 빠져 나가는 것은 제대로 눈치 못 채는 것이 집단의 심리와 행동 양식이다. 이를 적절히 활용하면 도움이 될 때가 많다.

정 급할 때는 도와줄 상대에게 도움을 요청하라. 화장실 등에서 미리 가족이나 지인에게 도움을 요청해 급한 전화를 걸게 한 뒤 통화 내용을 흘리면서 어쩔 수 없이 떠나야 되는 상황을 연출할 수도 있다. 물론, 이는 선의의 거짓말이라도 정말 급할 때 외에는 가능한 쓰지 않도록 하자.

대화를 순조롭고 인상 깊게 마무리하기

사람들은 만남에서 무엇보다 첫 인상과 마지막 인상을 잘 기억하기 마련이다. 따라서 대화에서도 깊은 인상을 남기며 순조롭게 마무리하는 것이 중요하다. 아래의 요령과 지침을 잘 활용해 보도록 하자.

1 자신만의 분명한 마무리 기술을 연마해 이를 적절히 사용하라.

2 대화를 마칠 때 다정히 악수하고 시선을 맞추어라.

3 상대와 나눈 대화가 왜 의미 있었는지 언급하라.

4 대화를 나눈 상대에게 진정한 감사를 표하라.

5 다음 만남을 기대하고, 기대하게 하라.

6 나와 상대의 마무리 노력으로 함께 긍정적 경험을 쌓고 윈윈을 창조하라.

• 우리는 대화를 왜 하는가? 결국은 상대방, 사람과의 인간관계를 위해서이다. 따라서 상대방을 배려하고 좋은 관계 쌓는 것을 대화의 목표로 삼아라. 또 그것을 대화의 마무리로 삼으면 된다. 그렇게 할 때 상대방이 당신을 좋은 이미지로 기억하며, 함께 성공과 행복의 인간관계를 쌓아 갈 것이다.

대화의 성공, 경청

17장

경청, 잘 기울여서 열심히 들어라

사람의 입은 하나요, 귀는 둘이다. 이 말은 말하기보다 듣기를 두 배로 더하라는 의미다. 곧 듣기가 그만큼 중요하다는 뜻이다.

남의 말을 귀 기울여 주의 깊게 듣는 것을 '경청(傾聽)'이라고 한다. 경청의 한자어는 '기울 경(傾)'과 '들을 청(聽)'으로 이루어졌다. 즉, 잘 기울여서 열심히 들으라는 뜻이다. 진정한 경청은 상대의 말을 듣기만 하는 것이 아니라, 상대방이 전달하고자 하는 말의 내용은 물론이며 그 내면에 깔려있는 동기나 정서에 귀를 기울여 듣고, 더 나아가 이해된 바를 상대방에게 피드백까지 주는 것을 말한다.

경청은 효과적인 커뮤니케이션의 중요한 기반이요 기법이다. 대화는 사실 말하기가 아닌 듣는 데서 출발한다. 잘 듣는 자가 잘 말하게 된다. 곧 대화의 성공은, 경청에서 시작한다.

경청하지 않는 자들의 신체언어와 특징

"말하는 동안엔 배우는 게 없다. 그래서 난 아침마다 다짐한다. 하나라도 새로운 것을 배우기 위해 어떻게든 남의 말에 귀 기울이자고 말이다."

'토크쇼의 제왕', '대화의 신'이라 불리며 세계 최고의 앵커로 평가받는 래리 킹(Larry King)의 말이다. 래리 킹은 세계적으로 유명한 CNN의 시사 토크쇼 〈래리 킹 라이브〉의 명사회자로서 수십 년이 넘게 수천 명의 유명인을 인터뷰하며 터득한 대화의 법칙을 저서로 출간하기도 했다. 그러나 말 잘하는 그 역시 대화에서 무엇보다도 '경청'을 강조하고 있다.

이렇게 경청은 중요하지만, 사실 우리가 제대로 경청하기란 쉽지 않다. 듣기보다 말하기가 앞서기 때문이다. 또한 듣는다 해도 딴생각 등 내면적 방해, 상황과 환경 등 외면적 방해가 따르기 때문이다.

일반적으로 경청하지 않는 사람들은 다음과 같은 신체언어나 특징을 보이곤 한다.

- 눈을 계속 마주치지 않고 여기저기 본다.
- 눈을 맞추고 듣는데도 눈이 멍하다.
- 상대의 말이 아닌 주변 상황이나 움직임에 신경을 쓴다.
- 대화에 적극적으로 참여 안하고 내용도 자세히 물어보지 않는다.
- 방금 한 말에 엉뚱한 말로 대꾸한다.
- 상대가 말하는 동안 조급히 어떻게 대답할지 준비하기 시작한다.
- 가끔 상대의 말을 끊고 반응하거나 자신의 생각이나 의견부터 말하려 한다.
- 처음 몇 마디만 듣고서 성급히 조언하기 시작한다.
- 상대의 말이 길어지면 짜증 어린 표정이나 반응이 나타난다.

일반적으로 우리가 의식적으로는 위와 같은 신호를 제대로 깨닫지 못한다 해도, 우리의 무의식은 이미 모든 걸 감지하고 있다. 사람은 정보를 전달하는 속도보다 정보를 얻는 속도가 더 빠르다. 즉, 정보를 말로 전할 때보다 시각적으로 또 청각적으로 얻는 것이 훨씬 더 많은 것이다. 더군다나 이런 신체언어들을 통해 우리는 무의식적으로 듣는 사람의 인상과 수준을 결정하곤 한다. 더 나아가 그 사람의 인격과 미래까지도 결정해 버리곤 한다. 얼마나 무서운 일인가. 그만큼 대화 커뮤니케이션에서 '제대로 듣기, 경청'이 중요한 것이다.

그렇기에 여러분도 대화 시에 혹시 위의 신체언어나 특징들을 보이지는 않는지 냉철히 살펴보기 바란다. 대화 시에 관찰 카메라를 설치해 나중에 영상을 확인해 보시라(이때 가능한 카메라를 의식하지 말고 무의식적으로 임해야 된다). 또 친한 친구끼리 위 사항들을 적은 점검표를 마련해 서로 체크하며 평가하는 방법도 도움이 될 것이다.

경청의 장애물 극복하기

사실, 일상의 대화 상황과 환경에서는 위와 같은 '경청의 장애물'이 곧잘 나타나기 마련이다. 그렇다면 '경청의 장애물'을 어떻게 극복할 수 있을까?

첫째, 딴생각 하느라 상대의 말을 놓쳤을 때는 우선 마음을 차분히 가다듬고 추슬러라. 가능한 빠른 시간 내에 상대가 이전에 한 말을 기억해서 언급해 주면 좋다. 그래도 생각이 제대로 나지 않는다면,

대화는 말하기가 아닌 듣는 데서
출발한다. 잘 듣는 자가 잘 말하게 된다.
곧 대화의 성공은, 경청에서 시작한다.

가장 쉽고 좋은 방법은 솔직하게 고백하고 다시 물어보는 것이다.

둘째, 상대의 말을 이해하지 못했을 때는 당황도 되고 쑥스럽기까지 할 것이다. 그렇다고 잘 모르는 데도 억지로 이해한 척 할 필요는 없다. 정공법을 택해 **솔직히 또 예의 있게 다시 물으면 된다.** "선생님, 죄송합니다. 제가 제대로 이해 못했는데, 다시 한번 쉽게 설명해 주실 수 있겠는지요?" 이렇게 요청할 때, 상대는 오히려 당신을 예의 바르게 생각하며, 서로 간의 신뢰도 한층 더 쌓여 갈 것이다.

셋째, 그럭저럭 잘 말하고 듣는다 해도 시간이 지나면서 서로의 **대화가 지루하거나 잘 풀리지 않을 때**가 있다. 그럴 때는 이전의 '굿프로세스 대화법'에서 설명한 대로 **서로 간의 공통분모나 공동관심사 등을 찾아 그것을 대화의 화제로 삼으면 된다.** 상대방과 고향이나 현재 사는 곳, 출신 학교, 혈액형이나 MBTI 유형, 특기나 취미나 취향 등을 나누다 보면 바로 공통분모나 공동관심사를 찾을 수 있을 것이다. 그것을 대화의 화제로 이어가면 금세 대화에 활기가 생길 것이다.

넷째, 대화 시 주변 상황이나 환경이 경청을 방해한다면, 우선 그런 상황과 환경을 정리한 뒤에 대화에 임하도록 하라. 그런 것이 여의치 못하다면 대화의 시간과 장소를 바꾸는 것도 한 방법이다. 그래도 딴생각 등 내면적 방해, 상황과 환경 등 외면적 방해가 계속 발생해서 정 힘들 때는 예의 바른 태도로 대화를 잘 마무리하고 다음 만남을 기약하면 된다.

이번 장에 이어 다음 장에서는 경청의 자세와 방법, 경청의 지혜와 힘에 대해서 계속 다루어 갈 것이다.

- 상대가 자신의 말을 당신이 제대로 듣지 않고 흘려듣는다고 느낀다면 신뢰는 멀어질 것이다. 반대로 당신이 귀담아 듣는다고 생각하면 상대는 당신을 편안히 신뢰하며 좋은 유대 관계를 계속 쌓아가고자 할 것이다.
- 진정한 대화는 경청에서 시작한다. 잘 듣는 자가 잘 말하게 된다. 대화의 성공은 경청에 있다.

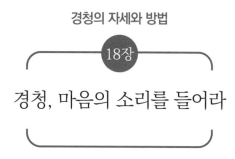

경청, 마음의 소리를 들어라

이청득심과 이순

'이청득심(以聽得心)'이라는 격언이 있다. 『논어(論語)』「위정편(爲政篇)」에 나오는 사자성어로서, "잘 듣는 것으로 마음을 얻는다"는 뜻이다. 옛날 노(魯)나라 왕이 바닷새를 궁(宮) 안으로 데려와 술과 육해진미를 권하고, 풍악과 무희 등으로 융숭한 대접을 했지만, 바닷새는 어리둥절해 슬퍼하며 아무것도 먹지 않아 사흘 만에 죽었다는 일화에서 유래하였다.

　노나라 왕은 바닷새의 의사와는 전혀 상관없이 자신이 즐기는 술과 음악 그리고 음식이 바닷새에게도 좋을 것이라 착각을 하고 밀어붙인 것이다. 아무리 좋은 것이라도 상대방 입장을 고려하지 않으면 실패할 수밖에 없다는 것을 비유적으로 표현한 것이리라.

오늘의 우리도 독단적 고정관념과 이분법적 사고방식으로 또 다른 바닷새, 상대방을 당황케 하고 죽이고 있지는 않는지... 진정한 소통은 단순한 의사전달을 넘어서 존중과 이해를 바탕으로 한 상호작용을 통해 이루어진다. 진정한 소통은 '경청'에서 출발한다.

이청득심(以聽得心), 귀 기울여 듣는 것은 사람의 마음을 얻는 지혜이다. 판단하려는 나를 비워내고 나의 내면에 또 상대의 말과 마음에 귀 기울이면 새로운 나와 너를 발견할 수 있다. 내 안의 너, 네 안의 나를 받아들이고 이해하면 진심과 진실의 목소리가 들린다. 경청, 서로에게 귀 기울이는 것은 나와 너, 우리 모두를 살리는 창조적 공존의 길이다.

만년의 공자(孔子)가 『논어』「위정편」에서 회고한 '이순(耳順)'이란 타인의 말이 귀에 거슬리지 않는 경지이며, 어떤 말을 들어도 이해를 하는 경지요, 그래서 너그러운 마음으로 모든 걸 관용하는 경지이다.

이순이 곧 경청이다. 공자도 60세가 되어서야 비로소 "이순의 경지에 도달했다"고 할 정도로 어려운 것이 경청이다.

그렇다. 사람이 말을 배우는 것은 2년이면 족하나, 경청을 배우는 것은 60년이 넘게 걸리는 어려운 일인 것이다. 이순이 지난 나이에도 귀에 거슬리게 들리는 말이 있다는 것은 아직도 자신의 수양이 부족하다는 증거이리라.

소극적 경청과 적극적 경청

경청에는 소극적 경청과 적극적 경청이 있다.

먼저, 소극적 경청은 상대방의 이야기에 대해서 특별한 외현적 표현 없이 수동적으로 듣는 경우를 말한다. 이야기를 한다는 것은 그 이야기를 듣는 사람이 잘 들어 주기를 바라기 때문에 하는 것이다. 따라서 상대방이 비록 모르는 이야기나 관심 없는 이야기를 하더라도, 최대한 열심히 또 재미있게 들어 주려고 노력해야 한다. 아울러 상대방이 말하는 화제를 성급히 다른 화제로 돌리거나 반박한다면, 상대방은 자신의 이야기를 제대로 듣지 않고 있다고 판단할 것이다. 이도 소극적 경청에서 기인한다.

제대로의 경청은 적극적 경청이다. 적극적 경청은 열심히 듣는 것을 넘어 피드백까지 포함한다. 즉, 상대의 말에 적극적으로 반응하는 맞장구, 추임새, 호응 등이 해당한다. 상대방의 말을 열심히 또 재미있게 듣고 있다는 것을 외적으로 표현해 주는 것이다.

소라에 귀를 대면 바다의 소리를 들을 수 있다.
내 앞의 사람의 말에 정성껏 귀를 기울여 보라,
그 사람의 마음의 소리를 들을 수 있다.

"아~ 그렇구나", "정말?", "그랬어?", "그리고?", "대단하다!"
등등의 즉각적 피드백을 터트리자.

더 나아가 상대가 방금 한 말을 간략히 재구성, 요약해 주는 것도
적극적 경청이다. "그러니까 'OOO~'라고 말씀하시는 것이군요.
제게 큰 도움이 되었습니다." 등으로 따뜻한 피드백을 주면 된다.

경청의 자세

이제 결론적으로 '경청의 자세와 방법'에 대해 알아보도록 하
자. 먼저, 경청의 자세에 대해 다음과 같은 지침을 드린다.

1 편안한 자세로 상대방과의 물리적 거리를 줄여라.

2 배려하는 마음으로 상대방과의 정서적 거리를 줄여라.

3 시선은 다정하게 상대방을 향하라.

4 눈을 마주보면서 이야기하라. 서로 마음의 창을 들여다보듯.

5 의식적으로 신경을 써서 오가는 신호(신체언어)를 놓치지 말라.

6 상대방의 작은 몸짓, 말투에도 주의를 기울여라.

7 가끔 고개를 끄덕이는 등의 몸짓으로 잘 듣고 있다는 걸 알려주라.

8 상대의 말에 따라 맞장구, 추임새, 호응 등을 적극적으로 하라.

⑨ 대화 이외의 것들을 의식적으로 차단하라. 물리적, 심리적 잡음을 차단하라.

경청의 방법

이어서 경청의 방법에 대해 아래와 같은 지침을 드린다.

대화 전에 늘 '경청부터' 생각하라.

❶ 상대방의 정서를 잘 파악해서 가능한 그에 맞춰라.

❷ 상대방이 특정 주제를 말하는 이유, 동기 등을 파악하라.

❸ 상대가 말할 때 함부로 끼어들지 말라. 상대는 무시당했다고 느낀다.

❹ 제대로 이해하지 못했다면, 솔직히 또 예의 있게 재차 물어보라.

❺ 상대가 한 말을 바탕으로 묻되, 내 말보다는 상대 대답에 귀 기울여라.

❻ 상대가 방금 한 말을 자신의 말로 짧게 요약해 주면서 말을 이어가라.

❼ 자신의 말을 덧붙이고 싶을 때는 상대가 방금 한 말과 연관시켜 말하라.

❽ 잠시 침묵이 흐를 때는, 당황하거나 두려워하지 말고 침착하게 침묵마저 즐겨라.

❾ 모범의 될 만한 대화에 많이 접하고 잘 관찰하라.

❿ 모범 대화, 특히 경청의 장점과 스킬들을 모아 연습하라.

경청, 마음의 소리를 들어라

바닷가 소라는 사람의 귀를 닮았다. 소라에 귀를 대고 기울여 보라, 바다의 소리를 들을 수 있다. 내 앞의 사람의 말에 정성껏 귀를 기울여 보라, 그 사람의 마음의 소리를 들을 수 있다.

- 대화는 경청이다. 경청에서 출발한다. 잘 들어야 제대로 마음을 듣고, 비로소 마음을 얻는다. 경청은 대화의 지혜요 힘이다. 위에서 드린 경청하는 자세와 방법 그리고 상대를 배려하고 소통하고자 하는 열린 마음, 진정과 열의 등을 갖추면, 당신은 이미 훌륭한 대화의 성공자이다.

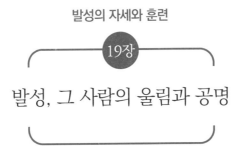

발성의 자세와 훈련

19장

발성, 그 사람의 울림과 공명

말은 목소리를 통해 전달된다. 목소리는 '발성과 발음'을 통해 생성된다. 발성과 발음을 통해 사람들 앞에서 자기의 주장이나 의견 등을 말하는 것을 '스피치'라고 한다. 따라서 발성과 발음은 스피치의 근본이다.

이 근본을 깨우치면, 즉 발성과 발음을 제대로 깨우치면 우리는 좋은 목소리를 갖게 되고, 좋은 스피치를 하게 되는 것이다. 아무리 좋은 내용이라도 그것을 전달하는 방법, 즉 발성과 발음이 잘못되면 그 내용이 청중에게 온전하게 전달되지 않는다. 따라서 스피치와 의사전달에서 가장 기본은 발성과 발음이다.

발성과 발음에 대한 이해

발성(發聲)은 소리를 내는 것이다. 내쉬는 숨(호기, 呼氣)에 의해 성대를 진동시켜 음성을 만들어내는 생리현상으로 발음(조음, 調音)과 함께 목소리(말소리)를 만들어낸다. 이를 위해서는 우리 몸의 발성 기관의 여러 기능이 협조적으로 작용해야 한다.

소리를 내는 발성 과정은 다음과 같이 진행된다. 폐, 기관지, 기관으로 된 기낭에 저장된 공기를 기류로 후두로 보낸다. 후두에는 성문이라는 세극(細隙)이 있으며 이를 형성하고 있는 성대가 진동해서 기류의 규칙적인 변조로서 소리가 형성된다. 이에 성도(聲道)라고 하는 후두, 구강, 비강, 입술로 된 음향관의 공명적 특성이 부가되어서 실제 소리가 되어 나온다.

발음(發音)은 말이나 단어를 소리 내는 방식, 또는 소리 내는 행위를 말한다. 즉, 혀·이·입술 등을 이용하여 말을 이루는 소리를 내는 일이며, 또는 그 소리를 이른다. 발음은 화자(말하는 사람)의 사고나 감정을 올바르게 표현하는 데 중요한 구실을 한다. 아무리 잘 조직된 내용이더라도 그것을 잘못 발음하면, 청자가 그 내용을 제대로 이해하지 못하므로 정확하고 분명하게 발음할 수 있도록 노력해야 한다.

발성과 발음의 과정

　발성과 발음은 우리 신체의 여러 기관을 이용해 이루어진다. 크게 발생기, 발성기, 공명기, 발음기의 과정을 거치게 된다.

　먼저, 발생기는 폐인데, 음성의 재료인 공기를 모은 주머니라 하겠다. 다음 발성기는 성대를 중심으로 이루어지는데, 성대는 한 쌍의 띠 모양으로 미묘한 근육 조직으로 구성된다. 사람마다 목소리가 다른 것은 성대의 차이에서 비롯된다. 다음 공명기는 음성을 확장하는 기관으로서 비강, 구강, 인후강, 후두강, 흉강 등을 이용하게 된다. 다음 발음기는 소리를 음가에 맞게 정확히 내는 단계로서 입술, 혀, 치아, 아래턱, 얼굴 근육 등을 총체적으로 활용하게 된다.

　이렇게 우리 신체의 발생기, 발성기, 공명기, 발음기 등 4개의 기관을 유기적으로 조화롭게 움직여 제대로의 발성과 발음이 완성되는 것이다.

발성과 발음 돕는 '복식 호흡'

　발성과 발음을 제대로 하게끔 돕는 것이 바로 '호흡(呼吸)', 특히 배로 하는 '복식 호흡'이다. 배의 근육과 횡경막을 오므렸다 펴기를 반복하는 복식 호흡은 심폐 기능과 혈액의 흐름을 원활케 하는 건강뿐 아니라 좋은 발성과 발음을 하는 데도 큰 도움을 준다. 배 깊은 곳에서 소리의 근원을 끌어올린다는 느낌과 자세로 발성과 발음에 임할 때, 우리 음성이 훨씬 맑고 크고 울림이 있게 되는 것이다.

그렇다면 복식 호흡은 어떻게 하는 게 좋을까? 마치 풍선이 우리의 갈비뼈와 복부에 들어 있다고 생각하면서 호흡을 연습하는 것이 좋다. 먼저 한 손은 배 위에 다른 손은 가슴에 얹는다. 이는 호흡할 때 가슴에 얹은 손은 움직이지 않고, 배 위의 손만 위아래로 움직이는 것을 확인하기 위해서다. 또 갈비뼈 부분에 손을 올려놓고 숨을 들이마실 때 풍선이 커지듯, 갈비뼈가 양쪽으로 벌어지는 것을 느끼도록 하자. 내쉴 때는 갈비뼈와 복부가 홀쭉해지는 것을 느끼면 된다. 숨을 내쉴 땐 마실 때보다 속도를 천천히 하면서 내쉬어야 한다.

복식 호흡에는 '4-3-5-3 규칙'이 있는데 숨을 4초 동안 들이마시고, 3초 숨을 멈추고, 5초 동안 내쉬고, 다시 3초 숨을 멈추는 방식으로 호흡하는 규칙이다. 이와 같은 방법으로 30번 호흡하는 것을 한 세트로 하여 아침저녁으로 한두 세트씩 자주 연습하면, 어느새 복식 호흡이 익숙하게 될 것이다.

발성의 자세와 훈련

사람의 목소리는 사람마다 다 다르다. 위에서 말한 성대의 차이기도 하지만, 발성과 발음을 제대로 하느냐 못하느냐 차이가 크게 작용한다. 그렇다면 바람직한 발성과 발음을 갖기 위해선 어떤 자세와 훈련이 필요할까?

먼저, 발성의 기본 자세를 갖춘 뒤 발성 훈련을 해보자.

우선 우리 몸에서 불필요한 힘을 빼고 자연스런 상태를 유지해보자. 하반신은 단단히 고정한 채 상체는 춤을 출 정도로 유연함을 갖되 생기발랄한 긴장감을 유지한다. 목뼈와 척추를 일직선으로 똑바로 하면서, 턱은 쳐들지 말고 약간 당기듯이 한다.

그 상태에서 아랫배(단전-배꼽 및 3cm 정도에 위치)에 힘을 모은 채 복식 호흡의 날숨과 함께 '아~~' 발음을 낮고 크게 발성한다. 단전이 울리는 것을 느끼며 가능한 흐트러짐 없이 길게길게 가져간다.

복식 호흡과 함께 위의 자세를 유지한 채 계속 '아~~' 발성 훈련을 계속 해 나가자. 한 달도 안 돼 여러분의 목소리는 이미 맑고 강대해져 멀리까지 울려 퍼지게 될 것이다.

발성의 자세와 훈련을 통해 타고난
목소리를 더욱 가다듬어 더 깊은 울림과
공명을 완성해 보자. 우리의 의사소통과
대인관계에서 강력한 무기로 활용될
것이다.

목소리는 소리 나는 명함

목소리는 그 사람의 소리 나는 명함이요, 그 사람의 울림과 공명이다. 우리는 보통 목소리를 통해 그 사람의 교양과 수준, 더 나아가 그 사람의 성품과 인격까지도 판단하게 된다. 좋은 목소리는 호감을 주고, 신뢰를 주고, 이미지를 바꾸는 가장 직관적인 수단이 된다.

- 위의 발성의 자세와 훈련을 통해 타고난 목소리를 더욱 가다듬어 더 깊은 울림과 공명을 완성해 보자. 우리의 의사소통과 대인관계에서 강력한 무기로 활용될 것이다.

발성에 이어 다음 장에서는 발음에 대한 이해와 훈련 및 스피치(낭독)에 대한 이해와 훈련에 관해 계속 이어가도록 하겠다.

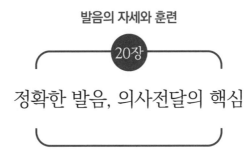

발음의 자세와 훈련

20장

정확한 발음, 의사전달의 핵심

발음(發音)은 말이나 단어를 소리 내는 방식, 또는 소리 내는 행위를 말한다. 발음은 화자(말하는 사람)의 사고나 감정을 올바르게 표현하는 데 중요한 구실을 한다. 아무리 잘 조직된 내용이더라도 그것을 잘못 발음하면, 청자(듣는 사람)가 그 내용을 제대로 이해하지 못하므로 정확하고 분명하게 발음할 수 있도록 노력해야한다.

음가에 맞는 정확한 발음이 중요

발음을 정확하게 하는 것은 의사전달을 분명하게 하기 위한 것인 만큼 무엇보다도 각 소리의 음가에 맞는 정확한 발음을 하는 것이 중요하다.

자신의 발음이 정확한지 아닌지를 제대로 알아보기 위한 좋은 방법은, 자신이 말하는 것을 녹음해 직접 들어보거나 주변 사람들에게 물어보는 것이다. 말을 할 때 입속에서 웅얼거리거나 말끝을 흐리지 않는지, 또는 어미를 늘리거나 지나치게 올려서 말하지는 않는지도 함께 신경 써서 들어본다. 특정한 소리를 제대로 발음하지 않거나 지나치게 강조해 발음할 경우, 내용을 이해하고 스피치에 집중하는 것을 방해할 수 있으니 정확하며 올바르게 발음하도록 신경을 써야 한다.

발음 훈련을 위해 한글 '가나다라 표'를 이용해 한글 자음과 모음 발음 훈련을 수시로 하고, 특히 그 중에서 잘 안 되는 발음을 체크한 후 그 발음을 위주로 꾸준히 연습해 보자. 이와 함께 의사전달이 정확한 아나운서나 배우들의 발성과 발음을 따라해 보는 것도 좋은 훈련이다. 특히 발음할 때 혀의 위치와 입술 모양을 면밀히 관찰해 이를 비교하면서 교정해 나가도록 하자.

발음에 대한 이해 및 훈련

명료하고 정확한 발음을 위해서, 아래의 발음 요소에 대한 이해 및 훈련이 필요하다.

음량

음량은 목소리의 크기를 말한다. 음량은 대화(스피치)의 상황과 환경을 잘 고려해야 한다. 둘 사이의 대화인지, 청중을 대상으로 한 스피치인지, 아울러 해당 장소의 크기와 상황, 주변의 소음 정도, 마이크 사용 여부 등을 잘 고려해 음량의 양과 질을 결정하도록 하자. 목소리가 작은 사람은 평소 발성 연습을 통해 목소리를 좀 키우도록 하고, 반대로 큰 목소리를 가진 사람은 지나치게 큰 소리로 인해 청중에게 불쾌감을 주지 않도록 절제도 필요하다.

속도

대중 스피치의 경우 1분에 250자 내외 정도로 말하는 것이 적당한 속도다. 너무 빨리 말하면 스피치의 내용을 따라가기 힘들거나 자칫 공격적으로 보일 수도 있고, 너무 천천히 말하면 내용 몰입에 방해가 되거나 지루하다고 느낄 수 있다. 기본적으로 적당한 속도를 유지하되 말 내용의 성격과 난이도, 청중의 수와 특징, 모임이나 행사 성격 등에 따라서 말의 속도에 변화를 줄 필요가 있다. 속도 조절을 통해 스피치에 생동감을 더하도록 하자.

억양

억양은 소리의 높낮이다. 높낮이의 변화 없이 말하는 것을 단조로운 어조라고 하는데, 이것은 말을 할 때 가장 경계해야 하는 점이다. 시종일관 단조로운 어조로 얘기하면 청중의 집중력은 급격하게 떨어질 수밖에 없다. 또 너무 높거나 낮은 어조도 청중의 집중력을 방해한다. 중요한 것은 기본적으로 자기가 구사하는 억양에 음량, 속도, 강조 등과 함께 변화를 줘서 리듬감 있게 말한다면, 청중의 호응과 함께 전달하는 내용의 의미를 보다 명확하게 전달할 수 있다.

리듬

말(스피치)은 마치 노래를 부르듯이 하는 것이 좋다. 말소리에 변화를 주어 노래하듯 리듬감 있게 하라는 것이다. 변화가 없는 단조로운 어조는 듣기에 지루할 뿐만 아니라 말하는 내용을 이해하는 데도 걸림돌이 된다. 리듬감 있는 말소리는 변화를 주며 듣기에 편해서 집중해 들을 수 있다. 감칠맛 있게 전달하는 만담꾼이나 랩

가수를 생각해 보라.

강세

말의 내용에 따라 그 세기에 변화를 주자. 문장에서 강조하고자 하는 중요한 음절이나 어구 또는 단어를 다른 것들보다 더 힘주어 말하도록 하자. 그만큼 명료하고 강조되어 전달될 것이다. 세게 말할 때는 음량이나, 억양, 길이에도 함께 변화를 줄 수 있다. 이때 해당 음절이나 단어 앞에 쉼(포즈)을 두어 강조의 효과를 극대화할 수 있다.

쉼(포즈)

쉼(포즈/Pause)은 효과적인 의미 전달을 위해 문장이나 단어 앞에서 잠깐 시간적 쉼(멈춤)을 두는 것을 가리킨다. 글에서 띄어쓰기와 구두점이 독자에게 글의 내용을 보다 잘 파악할 수 있게 돕듯이, 말(스피치)에서도 쉼은 청중에게 말의 내용을 보다 잘 이해할 수 있게 돕는 역할을 한다. 또한 클라이맥스에서 긴장을 불러일으키기 위해서, 또는 중요한 내용을 강조할 목적으로도 그 앞에서 쉼을 둘 수 있다. 말의 내용을 자연스러우면서도 드라마틱하게 강조하는 효과를 거둘 수 있다.

의사전달의 기본은 전달력에 있다.
이 전달력의 핵심은 명료하고
정확한 발음과 발성에 있다.

스피치(낭독)의 자세와 훈련

　명료하고 정확한 발음을 위해서 평소에 스피치 훈련을 꾸준히 하도록 하자. 특히 성우나 배우의 스피치(낭독)를 따라하는 것도 좋은 훈련이다. 스피치(낭독)의 올바른 자세와 훈련을 위해 다음 지침을 잘 활용하도록 하자.

1 무엇보다 스피치(낭독)에 대한 올바른 이해를 갖는다.
2 문장의 주성분과 어간을 잘 들리게 한다.
3 중요한 부분 앞에선 쉼(포즈)을 둔다.
4 노래의 멜로디처럼 어구마다 높낮이를 달리해 본다.
5 감정을 실어 내용을 실감나게 전달한다.
6 무엇보다 자신 있는 표정과 말투가 중요하다.
7 평소에 성우나 배우의 스피치(낭독)을 따라하는 훈련을 한다.

• 의사전달의 기본은 전달력에 있다. 전달력이 높은 사람은 그만큼 호감도와 신뢰도가 높게 나타난다. 전달력의 핵심은 명료하고 정확한 발음과 발성에 있다. 위의 지침과 훈련을 통해 의사전달과 대인관계에서 넓고 깊은 울림과 공명을 완성해 가자.

21장

신체언어로 의사소통에 날개를 달라

우리가 의사소통하는 데 있어 말과 글 등 언어적 신호만 사용하는 것은 아니다. 얼굴 표정부터 몸의 움직임에 이르기까지 비언어적 신호로도 많은 정보를 얻고 또 전달할 수 있다.

이러한 비언어적 신호는 일상적인 의사소통에 있어 큰 부분을 차지한다. 우리가 의사소통하는 데 사용하는 대표적인 비언어적 신호가 신체 언어이다. 많은 커뮤니케이션 실험 결과에서, 인간의 정보 습득 패턴에 있어 정작 말에 실리는 단어나 문장보다는 오히려 얼굴 표정이나 몸 움직임(제스처)을 통해 얻는 정보가 훨씬 앞서는 걸로 나타난다. 그만큼 비언어적 신호인 신체 언어의 영향과 중요성이 부상하고 있는 것이다.

신체 언어의 대표적 요소

신체 언어는 비언어적 신호지만 의사소통에 있어 큰 부분을 차지하며, 인간의 정보 습득 패턴에 있어 언어적 신호보다 오히려 얻는 정보가 훨씬 앞서는 걸로 나타난다. 먼저, 신체 언어의 대표적 요소들에 대한 이해를 갖도록 한다.

1. 표정 - 얼굴 표정은 입으로 하는 말 이전에 이미 많은 말을 하고 있다. 얼굴 표정만 봐도 모든 걸 알 수 있다고 하지 않는가. 표정은 특정 상황과 내면에 대한 심리를 그대로 드러내게 된다. 미소는 승인, 허락, 행복 등을, 반면에 찌푸린 얼굴은 비승인, 불쾌, 불행 등을 나타낸다. 따라서 얼굴 표정은 상대방의 상황, 심리, 나아가서는 그 사람의 수준과 인격까지도 판단하는 중요한 요소가 된다.

2. 눈 - 눈은 사람이 느끼거나 생각하는 것에 대해 많은 것을 밝히고 있다. 대화할 때 상대의 눈의 느낌과 움직임을 잘 살펴보면 충분히 알 수 있다. 직접 눈을 마주치며 얘기하는지 아니면 피하고

있는지 등을 살펴보면 이미 많은 정보를 캐치할 수 있다.

3. 시선 - 시선 역시 사람이 느끼거나 생각하는 것에 대해 많은 것을 밝히고 있다. 시선의 부드러움과 부자연스러움은 금방 캐치할 수 있다. 대화를 하면서 부드러운 시선은 관심, 호감, 사랑, 행복 등을 나타내며, 반대로 부자연스런 시선은 무관심, 산만, 의심, 초조, 불안 등을 나타낸다.

4. 입 - 신체 언어에서 입의 표현과 움직임은 많은 정보를 내포하고 있다. 예를 들어 아랫입술을 씹는 것은 걱정, 두려움, 불안, 초조 등을 나타내며, 손으로 입을 가리는 것은 사람이 하품을 하거나 기침을 가리기 위해 할 수도 있지만, 본인의 내심을 들키지 않으려는 의도일 수도 있다.

5. 제스처 - 제스처는 가장 직접적이고 명백한 신체 언어이다. 일반적으로 통용되는 제스처도 많지만, 사람마다 자주 쓰는 고유의 제스처가 있다. 그것은 그 사람의 평소 감정이나 숨은 말을 얘기하곤 한다. 따라서 가까운 사람, 인연을 계속 맺어가야 하는 사람의 제스처에 대한 관찰과 연구는 꼭 필요하다.

6. 자세 - 몸의 자세 또한 신체 언어의 중요한 부분으로 작용한다. 자세는 사람의 감정, 상황 등에 대한 풍부한 정보를 제공할 뿐만 아니라 자신감, 개방 또는 복종 여부와 같은 성격 특성에 대한 힌트를 전달하기도 한다. 예를 들어, 똑바로 서 있거나 앉아 있으면 집중하고 진행 상황에 주의를 기울이고 있음을 알 수 있지만, 반대로 구부정한 자세로 있으면 지루하거나 무관심하다는 것을 알 수 있다.

7. 간격과 위치 - 대화하는 둘 사이의 간격과 위치는 이미 많은 얘기를 한다. 간격이 가까울수록 친밀도가 높은 것이다. 위치 역시 마주보고 있는 것, 비스듬히 있는 것, 옆으로 나란히 있는 것 등을 잘 살펴보면, 둘 사이의 관계와 친밀도 등의 정보를 파악하게 된다. 간격과 위치에 대한 정보를 잘 파악하고 활용하면, 인간관계 및 사회생활에 큰 도움이 될 것이다.

신체 언어의 활용 노하우

신체 언어를 어떻게 활용하는 것이 좋을까? 위에서 설명한 신체 언어의 요소들을 잘 활용해 본인을 돋보이게 하며 의사소통을 진작시키는 노하우를 소개한다.

1. 외모 – 외모도 신체 언어의 일종이다. 외모는 당신이 전하는 첫인상이요 첫마디다. 선천적 외모도 있겠지만, 후천적으로도 얼마든지 가꿀 수 있는 것이 외모다. 성형 수술을 하라는 게 아니다. 평소의 마음가짐과 운동, 훈련 등으로 가꾸면 된다. 밝고 호감 가는 외모를 갖춰라. 당신의 첫인상이 달라진다.

2. 옷차림 – 옷차림도 크게 보면 신체 언어의 일종이다. 외모를 잘 받쳐주며 돋보이게 하는 게 옷차림이다. 옷에 투자하라. 비싼 옷에 투자하라는 게 아니다. 가격과 상관없이 자신에게 어울리는 적절한 컬러와 디자인 등으로 자신만의 스타일을 만드는 게 중요하다. 궁극적으로 시간, 장소, 목적, 상대, 상황에 맞는 옷차림이 정답이다.

3. 표정 – 얼굴 표정은 그 사람의 영혼과 내면의 거울이다. 밝고 호감 가는 표정을 지어라. 늘 미소를 지어라. 눈빛을 다정스레 교환하며, 표정 변화를 자연스럽게 하라. 대화 중에 다정한 표정으로 상대 말에 충분히 공감하며 고개를 끄덕여라. 당신에 대한 호감이 급상승할 것이다.

신체는 또 하나의 언어요 그 사람의
인상과 인격이기도 하다. 신체 언어의
가치와 중요성을 깨닫자.

4. 어조와 어투 - 목소리는 소리 나는 명함이다. 주로 어조와 어투가 좌우한다. 너무 큰 목소리는 피곤하며, 너무 작은 목소리는 불확실하다. 높은 어조는 긴장하게 하며, 낮은 어조는 힘들게 한다. 궁극적으로 시간, 장소, 목적, 상대, 상황에 맞는 어조와 어투, 즉 목소리의 음량, 속도, 강세, 억양, 리듬, 쉼(포즈) 등을 잘 조절하는 것이 중요하다.

5. 걸음걸이 - 걸음걸이도 외모요 신체 언어다. 슈퍼맨과 슈퍼우먼처럼 당당하게 걸어라. 우선 평온한 상태에서 단전에 힘을 모아 보라. 몸은 바르고 꼿꼿하게, 시선은 목표를 향하라. 그리고 자연스러우면서도 활기차게 걸으면 된다.

6. 서 있는 자세 - 서 있는 자세는 상체와 하체의 편안한 조화가 중요하다. 체중을 두 발에 균등히 한 뒤 다리를 엉덩이 넓이로 벌리고 가볍게 선다. 바르게 서 있는 자세가 정답이지만, 너무 경직돼 보이지 않도록 때때로 자세를 바꾸거나 아주 조금 움직여도 된다. 편안하게 가끔 호주머니에 손을 넣어도 괜찮다.

7. 앉아 있는 자세 - 바르게 앉기 위해서는 우선 의자에 제대로 앉아야 된다. 편안한 꼿꼿함으로 똑바로 앉자. 다리는 꼬지 않고

발은 바닥에 편하게 댄다. 상체는 젖히지 않고 약간 앞으로 숙이는 정도가 좋다. 그래야 상대의 말에 집중할 수 있고 또 그렇게 보인다. 주로 마주보며 앉게 되지만, 상황에 따라서 비스듬히 또는 옆으로 나란히 앉는 게 효과적일 수도 있다.

8. 제스처 - 의사전달에 있어 제스처가 우선이며 유용할 때가 많다. 우선 지역과 문화마다 조금씩 다르게 통용되는 제스처의 의미를 이해하고 활용하는 것이 필요하다. 강조할 때 가끔 손과 팔을 이용해 보면 효과적이다. 이때 상황과 환경에 맞춰 제스처의 크기를 조절하며, 가능한 천천히 품위 있게 움직여라. 무엇보다 당신만의 멋진 제스처를 고안해 활용하는 것이 중요하다.

9. 간격과 위치 - 간격과 위치는 관계를 의미하고 형성한다. 상대, 상황, 환경에 맞춰 가깝고도 충분한 거리를 유지하는 게 중요하다. 발표나 강연 스피치 시에는 시작과 마무리는 무대 중앙에서 하는 게 좋고, 질문과 논쟁은 특별한 자리를 설정해 진행하는 게 좋다. 오랜 시간을 요할 때는 무대를 넓게 활용해 움직이거나 때론 자유롭게 앉아서 진행해도 된다. 전체적으로 자연스러우면서도 당당하게 하도록 하라.

신체 언어의 가치와 중요성

• 신체는 또 하나의 언어요 그 사람의 인상과 인격이기도 하다.
  신체를 활용하는 신체 언어의 가치와 중요성을 깨닫기 바란다.

• 위에서 드린 신체 언어의 주요 요소와 활용법에 대해 잘 이해
  하고, 일상생활에서 적극 활용하도록 하자. 여러분의 의사소
  통에 날개를 달아주며 큰 도움을 줄 것이다.

22장

참된 진정성으로 소통하고 설득하라

우리가 대화를 나누는 것은 소통하기 위함이다. 또 청중 앞에서 스피치를 하는 것은 주로 설득하기 위함이다. 따라서 '소통과 설득'은 대화와 스피치의 주목적이 된다.

소통(疏通)은 막히지 아니하고 잘 통하는 것으로서 뜻이 서로 통하여 오해가 없음을 의미한다. 뭐든지 시원하게 그리고 여유롭게 열려 있는 것이 소통이다. 설득(說得)은 상대편이 이쪽 편의 의견이나 주장을 따르도록 여러 가지로 깨우쳐 말함을 의미한다. 여러 모로 설명하여 상대방이 납득할 수 있도록 잘 알아듣게 하는 것이다.

따라서 우리가 대화와 스피치 상황에서 소통과 설득을 목표로 할 때 그 대화와 스피치는 원래의 취지와 목적을 달성해 갈 것이고, 그만큼 성공과 행복의 의사소통과 인간관계로 이어질 것이다.

첫 만남 대화도 소통과 설득을 목표로

첫 만남은 누구에게나 기대와 설렘을 준다. 첫 만남이 잘 풀려 우정과 애정, 인간관계와 비즈니스의 성공으로 이어지기도 하고, 첫 만남이 엉켜 버려 더 이상의 인연은 고사하고 상처와 실패가 남겨지기도 한다.

첫 만남을 잘 풀어가기 위해서는 역시 대화를 잘 풀어가야 한다. 첫 만남에서의 대화, 역시 '소통과 설득'을 목표로 하면 된다. 소통과 설득을 목표로 한 첫 만남에서의 대화, 아래와 같이 풀어가 보자.

1. 따스한 인간적인 말에 힘써라. 사람의 체온은 36.5도이다. 주고받는 대화에 따스한 체온이 느껴지도록 하라. 먼저 배려하고 자주 미소를 짓자. 36.5도의 체온과 미소가 담긴 따스하고 인간적인 대화로 이어질 것이다.

2. 선수를 쳐라. 영화관 의자의 팔걸이는 누구의 것일까? 오른쪽은 나의 것, 왼쪽은 상대방 것인가? 아니면 그 반대인가? 아니다. 먼저 올려놓는 사람이 임자다. 첫 만남의 대화, 쉽지 않다. 쑥스럽고 힘들다. 그것은 나에게나 상대에게나 마찬가지다. 그러니 이왕이면 내가 먼저 선수를 치자. 내가 먼저 인사하고, 내가 먼저 대화를 시작하는 것이다. 상대는 그만큼 나를 고마워할 것이고, 나에 대한 호감도도 쑥 상승할 것이다.

3. 대화의 주도권을 잡아라. 처음 만날 때 우리는 보통 악수를 하게 된다. 이왕이면 먼저 손을 내밀라. 대화에서도 마찬가지다. 먼저 대화를 시작하며 대화의 스킨십을 주도하라. 내가 관심 갖는 주제, 자신 있는 분야부터 먼저 화제로 삼으면 된다. 그런 다음 상대와의 공통분모와 공동관심사를 찾아내 그걸 화제로 삼으면 대화는 순조롭게 풀려 갈 것이다.

4. 자신 있게 말하라. 대화 중에 잘 모르는 주제나 내용일지라도 얼버무리거나 자신 없는 말투는 곤란하다. 모르면 모른다 하면 되고, 알면 '그건 이렇고, 저건 저렇다'고 자신 있게 말하도록 하자. 세계적인 앵커이자 대담자였던 래리 킹, 바버라 월터스, 오프라 윈프리 그리고 한국의 손석희, 유재석 등을 참고해 보자. 그들의 공

설득을 위해선 중요한 정보(결론)을
먼저 말하라. 결론부터 말해야 핵심이
살아나고 설득이 쉬워진다.

통점은 인간적인 대화를 즐겼고, 자신 있게 말하면서도 늘 상대를 배려하였다. 그들처럼 대화를 즐기며 자신 있게 말하다 보면, 어느새 자신감도 생기고 말도 잘하게 된 당신을 발견하게 될 것이다.

소통과 설득의 대화와 스피치

이어서 소통과 설득의 대화와 스피치를 위한 본격적인 지침을 드린다.

1. 대화와 스피치에서도 리더십을 갖추도록 하자. 리더는 아무나 되는 것이 아니다. 자기긍정, 성실성과 책임감, 열정과 성취, 솔선수범, 창의력, 적응력, 공감과 배려, 예의와 온정, 도전과 변화 추구, 비전 제시 등 리더십을 제대로 갖춘 자라야 가능할 것이다. 대화와 스피치에서도 리더십을 갖추도록 하자. 위의 리더십 요소들을 대화와 스피치에도 적용해 보자. 그러면서 모범적인 리더의 대화와 스피치를 참고하며 배우는 것도 큰 도움이 될 것이다.

2. 설득을 위해선 중요한 정보(결론)를 먼저 말하라. 말하고자 하는 핵심은 보통 결론에 있다. 결론부터 말해야 핵심이 살아나고 설득

이 쉬워진다. 대화나 스피치의 프로세스를 '결론 – 이유 – 사례(근거) – 다시 결론' 순서로 해야 논리적이면서도 핵심이 살아나 그만큼 설득에 유리하게 된다. '결론'을 말할 때는 상대가 듣고 싶은 핵심이 가장 먼저 귀에 들어올 수 있도록 구성해야 하며, 명확하고 간결하게 해야 한다. '이유'는 설득 논리의 핵심으로서 전체적인 것부터 설명한 후 세부적인 부분으로 이어가도록 하자. 타인을 설득할 때는 이유에 대한 명확한 '근거 사례'가 있어야 한다. 가장 정확하고 확실한 사례를 근거로 삼아야 한다. 결론을 한 번 더 이야기하는 것은 내용을 확실하게 전달하고 설득에 마침표를 찍기 위해서이다. 아울러 반복을 통해 강조하는 효과도 낼 수 있다. 사람들은 반복해서 들으면 더 중요한 것으로 인식하기 때문이다.

3. 소통과 설득을 위한 대화와 스피치에 주력하라. 소통과 설득을 목표로 할 때 그 대화와 스피치가 원래의 취지와 목적을 달성해 가며, 그만큼 성공과 행복의 의사소통과 인간관계로 이어질 것이다. 여기서는 진정성 및 위에서 말한 대화 리더십 요소가 중요하다. 참된 진정성으로 소통하고 설득하라. 대화의 리더십으로 소통하고 설득하라. 당신은 이미 즐겁고 편하게 또 당당히 대화의 리더가 되어 있을 것이다.

4. 좌중을 압도하는 마지막 효과로 피날레를 장식하라. 공연 예술에서는 좌중을 압도하는 마지막 효과로 피날레를 장식하기 마련이다. 대화와 스피치에서도 마찬가지다. 특히 설득을 위해서는 마지막 효과에 방점을 찍어야 한다. 자신만의 노하우를 개발해 보라. 배우 김명민은 이 분야에 특화돼 있다. 드라마 〈로스쿨〉의 양종훈, 〈육룡이 나르샤〉의 정도전, 〈베토벤 바이러스〉의 강마에, 〈하얀 거탑〉의 장준혁, 〈불멸의 이순신〉의 이순신 역 등에서 그는 논리적이면서도 냉철하게 그러면서도 진정성과 열정으로 좌중을 압도하는 설득 스피치의 진수를 보여준다. 유튜브에서 관련 명장면을 찾아 배우며 따라해 보라. 최고의 효과를 거둘 것이다.

5. 숨어있는 자신의 무한능력을 찾아 발휘하라. 당신 안에는 이미 무한한 소통과 설득의 능력이 있다. 단지 모르고 있고 아직 못 찾았을 뿐이다. 이 글을 읽는 순간부터 당신 속에 잠자고 있던 그 능력이 기지개를 켜며 깨어나기 시작할 것이다. 직접적이고 또 간접적인 수단과 방법을 동원해 애써 찾아보라. 두드리는 자에게 문은 열릴 것이다. 내 안에 잠자고 있는 거인, 소통과 설득의 무한 능력을 깨워서 키우고 발휘하라.

- 대화와 스피치의 주목적은 '소통과 설득'에 있다. 위에서 말한 설명과 지침대로 바로 실천해 보기 바란다. 참된 진정성으로 소통하고 설득하라. 대화의 리더십으로 소통하고 설득하라. 당신은 이미 대화와 스피치의 리더요, 그만큼 성공과 행복의 의사소통과 인간관계를 열어 갈 것이다.

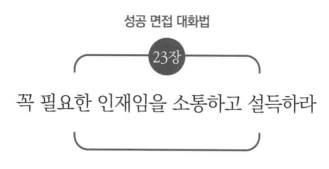

꼭 필요한 인재임을 소통하고 설득하라

사회의 책임 있는 구성원이 된다는 것은 일반적으로 직업을 갖고 직장생활을 시작하는 데서 출발한다. 직업은 생계를 유지하기 위하여 자신의 적성과 능력에 따라 일정한 기간 동안 계속하여 종사하는 일을 말하며, 직장은 사람들이 일정한 직업을 가지고 일하는 곳이다.

직업(직장)을 갖기 위해서는 취업 과정을 거쳐야 한다. 일반적으로 취업 과정은 서류 전형과 시험, 면접 등을 거치게 된다. 이 중에서 면접은 취업 희망자를 직접 만나서 인품이나 언행 따위를 평가하는 단계로서, 흔히 서류 전형과 시험 후에 최종적으로 심사하는 단계요 방법이다. 취업 희망자 입장에서 면접은 사회생활을 시작하는 데 있어 가장 중요한 소통과 설득의 관문이자 기회라 할 수 있다. 한 사람의 사회 구성원으로서 일어서는 가장 중요한 통과 의례기도 하다. 이렇게 중요한 면접 시의 성공 대화법에 대해 자세히 알아보도록 하자.

면접 스피치의 핵심 노하우

공기업이든 사기업이든 인사 담당자와 책임자는 당연히 해당 기업과 직무에 맞는 적성과 능력을 갖춘 인재를 선발하고자 한다. 이를 위해 기업의 면접 시에 주로 나오는 질문과 그에 대한 적절한 준비 지침을 다음과 같이 드린다.

전체적으로 면접 시의 대화와 스피치는 '핵심 결론 답변 – 그 이유 – 관련 능력·지식·경험을 근거로 설명 – 지원 분야와 직무에 대한 강점으로 다시 결론'의 4단 구조로 진행하는 것이 가장 좋다.

1. 자기소개를 해보십시오.

면접 시 가장 많이 나오는 질문이요, 그만큼 중요하다. 보통 1분 정도의 시간이 주어지는데, 이 1분 내에 자신이 이 기업과 직무에 가장 적합한 인재임을 소통하고 설득해내야 한다. 자기소개는 이미 작성해 제출한 자기소개서를 기반으로 하는 게 좋다. 면접위원들도 이를 기반으로 검토하고 확인하기 때문이다. 결론부터 얘기하는 두괄식 표현으로 하되, 주로 직무에 대한 자신의 적성과 능력을 강조하고, 입사 후 다짐과 약속으로 마무리한다. 무엇보다도 임팩트 있는 소개로 면접위원들의 주목을 끌도록 하자. 자기소개 1분이 당신의 첫인상 및 합격 여부를 결정짓는다. 소개 내용은 물론이고 호감 가고 자신감 있는 인상, 표정, 목소리, 제스처 등을 통해 자신이 이 기업에 꼭 필요한 인재임을 소통하고 설득하도록 하자.

2. 왜 우리 회사에 지원하셨나요?

지원 회사에 대한 관심도와 정보력을 파악하는 질문이다. 지원 기업에 대한 핵심 정보를 위시해 해당 산업과 제품, 브랜드, 특징, 사회적 공헌 활동 등을 사전에 미리 파악하고 숙지해 놓아야 한다. 반드시 공식 정보를 활용해 기업의 어떤 부분을 선호해 지원했는지 구체적으로 설명하라. 그리고 그 지원 동기를 통해 자신의 적성과 능력 및 향후 회사 기여 부분을 자신 있게 피력하라. 단순히 지원한 이유에 대하여 설명하는 것보다 자신이 왜 뽑혀야 하는가에 대한 스토리텔링 위주로 꼭 필요한 인재임을 어필하라.

취업 면접을 위한 대화와 스피치는
꿈의 실현을 위해 이제까지 자신이
준비한 것, 앞으로 노력할 것들을
당당히 말하는 데 초점을 두도록 하자.

3. 지원한 업무에 대해 설명해 보십시오.

지원한 업무에 대해 잘 이해하고 또 그런 능력을 갖추고 있는지 확인하는 질문이다. 따라서 채용 공고 내용을 통해 어떤 업무인지 미리 잘 숙지해 두어야 한다. 지원한 분야와 직무에 대한 스터디와 이를 바탕으로 자신의 어떤 능력과 경험이 해당 지원 분야와 직무에 어떻게 기여할 수 있을지에 초점을 두는 것이 좋다. 지원 분야와 직무를 위해 이제까지 자신이 준비한 것, 기여할 부분과 앞으로 노력할 것들을 당당히 말하도록 하라.

4. 본인의 장단점에 대해 말씀해 보십시오.

업무를 수행하는 데 있어 어떤 강점이 있는지 또 어떤 단점이 있는지 확인하는 질문이다. 최대한 지원한 분야와 직무에 관련한 자신의 장점을 경험과 사례를 통해 강조하라. 단점은 물어보지 않는다면 굳이 밝힐 필요는 없다. 얘기해야 할 때는 가능하면 직무와 관련 없는 사소한 것을 말하되, 그것도 그 단점을 잘 이해하고 있고 또 어떻게 극복해 가고 있는지를 함께 설명하는 것이 좋다.

5. 본인의 취미나 특기에 대해 말씀해 보십시오.

지원자의 취미와 특기를 통해 개인 성향이나 적극성 등을 알아보기 위한 질문이다. 또한 입사 후 업무에 지치거나 스트레스를 받앉을 때 스스로 해소할 수 있는 건강한 취미생활이 있는지 확인하기 위함이기도 하다. 따라서 가능하면 지원 직종과 직무에 연계되는 취미나 특기를 말하는 것이 좋다. 지원 분야에 대한 자신의 관심과 열정을 부각할 수 있기 때문이다. 만약 그것이 어려우면, 자신의 취미나 특기가 회사생활에 어떻게 도움 되는지 밝히며 마무리하는 것도 좋은 방법이다. 그렇게 하면 일상적이고 평범한 취미라도 의미 있는 핵심 답변이 된다.

6. 본인의 생활 신조(가치관) 및 존경하는 인물에 대해 말씀해 보십시오.

지원자의 가치관과 개인성향, 목표의식을 알아보고자 또 평소 태도(마인드)가 회사와 지원직무에 어떻게 도움 되는지 알아보려는 것이다. 따라서 답변도 회사생활이나 지원직무에 도움 되는 것을 선택하고, 그 이유를 설명하는 것이 좋다. 존경하는 인물에 대해서는 가능하면 면접위원도 알 수 있는 저명한 인물, 특히 지원 직종과 관련된 인물이라면 더욱 어필할 수 있을 것이다. 물론, 가장 중요한 것은 "누구인가"가 아니라, "왜 그 사람을 존경하고, 자신에게 어떠한 긍정적 영향을 끼쳤는가" 하는 사실이다. 나아가 "이러한 것들이 지원 분야에 어떻게 도움 될 수 있는가"까지 설명할 수 있으면 더욱 좋다.

7. 입사 후 포부에 대해 말씀해 보십시오.

지원자의 열정과 마음가짐 그리고 입사 후 어떤 구체적 계획이 있는지 파악하고자 하는 질문이다. 따라서 "뽑아만 주신다면 최선을 다하겠습니다." 같은 뻔한 답변은 곤란하다. 먼저, 지원 기업과 직무에 대해 잘 이해하고 있고, 이를 위해 어떤 역량을 갖춰왔는지 자신 있게 대답하라. 그리고 해당 부서의 신입 사원으로서 구체적으로 어떤 도전을 하고 어떤 성과를 내고 싶은지 패기 있게 답변하도록 하자.

- 취업 면접을 위한 대화와 스피치는 꿈의 실현을 위해 이제까지 자신이 준비한 것, 앞으로 노력할 것들을 당당히 말하는 데 초점을 두도록 하자. 삶의 목표 및 자신의 역량과 강점을 지원 기업과 분야, 직무와의 상관관계를 통해 자신 있게 설명하자. 자신의 장점을 부각시키고, 단점은 솔직히 답변하되 극복 방안을 함께 제시하자.
- 결론적으로 자신이 지원 기업과 직무에 어울리는 꼭 필요한 인재임을, 겸손하면서도 당당하게 밝히도록 하자. 당신이야말로 준비된 인재, 합격해야만 하는 인재임을 소통하고 설득시켜라.

24장

직장생활의 성공과 행복은 소통과 대화에서

취업 면접에서 자신을 잘 소통하고 설득하여 합격하였다면, 비로소 원하는 직업을 갖고 직장생활을 시작하게 된다. 이제 사회의 책임 있는 구성원이 된 것이다.

일정한 직업을 가지고 일하는 곳이 직장이다. 직장은 신입사원부터 시작해서 일반 직원, 간부, 임원, 대표 등이 함께 모여 여러 직무로 나뉘어 일하는 곳이다. 같은 회사 공동체 구성원으로 묶이지만, 사실 직무, 직급, 연령, 학력, 경력은 물론이고 개인별 성격과 성향 등이 다 다른 사람들이 모여 있는 곳이다. 그렇기 때문에 그만큼 소통과 대화가 쉽게 이루어지지는 않는다.

그렇다면 직장생활에서 소통과 대화는 어떻게 하는 것이 좋을까? 이를 잘 해낸다면 직장생활에서 그만큼 성공과 행복을 가져올 것이고, 그렇지 못하다면 성공과 행복은 고사하고 실패와 좌절에 빠질 수도 있을 것이다.

사회생활의 중심이 되는 직장생활에서 성공하는 소통과 대화에 대해서 공부해 보자.

직장생활에서의 소통 노하우

인간은 자기중심적이다. 주로 내 입장만 생각하며 상대방이 왜 저런지 깊게 생각하지 않는다. 그러다 보면 오해를 사고 서로가 반목하는 경우가 종종 발생한다. 특히 위에서 말했듯, 같은 회사 공동체 구성원으로 묶이지만, 사회적으로 개인적으로 다 다른 수준과 성향을 가진 사람들이 모인 직장생활에서 소통과 인간관계는 그만큼 쉽지 않은 것이 사실이다.

알게 모르게 경쟁이 심한 직장생활에서, 직장인이라면 누구나다 고민과 스트레스를 안고 산다. 신입사원은 어떻게 상사에게 인정을 받으며 또 어떻게 성장해야 하는지 늘 고민한다. 중간 관리자는 어떻게 부하직원에게 존경을 받으며 또 상사에게 자신을 드러내고 발전할 수 있는지 늘 고민한다. 임원급 리더는 어떻게 구성원의 존경을 받으며 또 어떻게 더 큰 성과를 위해 리더십을 발휘할 수 있는지 늘 고민한다.

해답은 '소통'에 있다. 소통의 기본은 서로의 차이를 인정하며 상대방 입장에 서보는 것이다. 신입사원이라면 자신과 다른 사원, 상사와의 차이를 인정하고, 그들의 입장에 서보면 된다. 중간 관리자는 자신과 다른 관리자, 부하직원, 상사와의 차이를 인정하고, 그들의 입장에 서보면 된다. 리더는 자신과 다른 리더, 부하직원, 대표와의 차이를 인정하고, 그들의 입장에 서보면 되는 것이다. 그럴 때 자신과 다른 그들의 생각과 의견과 언행을 이해하고, 회사 공동체의 목표와 성과를 위해 함께 협력하며 일해 나갈 수 있는 것이다. 그만큼 직장생활에서 성공과 행복이 성큼 다가올 것이다.

직장생활에서의 성공 대화와 스피치

직장생활에서의 소통은 '대화와 스피치'가 중심 수단이 된다. 직장생활에서 대화와 스피치가 능한 사람은 그만큼 주위로부터 인정도 받고 승진도 빠름은 당연하다.

직장생활에서의 성공 대화와 스피치에 대한 지침을 드린다.

1 무엇을 어떻게 말할지 미리 준비하라.

2 주제와 상대에 맞게 내용과 스타일을 결정하라.

3 그렇게 준비한 대화와 스피치를 논리적으로 구성하라.

4 대화와 스피치 원고는 핵심 키워드 설정 뒤에 구어체로 준비하고 연습하라.

5 발성과 발음을 정확히 하며, 속도, 강약, 리듬, 쉼(포즈) 등을 조절해 물 흐르듯 하라

6 내가 만족하고 상대를 배려하며, 궁극적으로 구성원과 회사를 발전시키는 대화와 스피치에 주력하라.

직장생활에서의 성공 발표와 토론

직장생활에서는 발표와 토론을 자주 하게 된다. 직장생활에서 발표와 토론에 능한 사람은 그만큼 주위로부터 인정도 받고 승진도 빠를 것이다.

직장생활에서의 성공 발표와 토론에 대한 지침을 드린다.

1 발표는 주제, 대상, 시간, 장소를 먼저 고려하라.

2 정확하고 쉽고 친절하게 또 당당히 발표하라.

3 토론은 활발하게 하라. 일방적 입장과 근거 없는 주장이 아닌 다양한 의견과 논리적인 근거에 바탕에 두어라.

4 토론은 싸우지 않기 위해, 싸움에서 벗어나기 위해 서로 나누는 말이다. 따라서 서로 배려하며 토론하라.

5 발표와 토론에서 사람의 마음을 움직이는 건 정직성과 신뢰성, 선한 느낌과 진심 어린 설득이다.

6 발표와 토론에서 내 주장에 대한 인정과 함께 상대의 마음도 동시에 얻어라.

7 이왕 하는 발표와 토론, 진정으로 좋아하고 즐겨라.

대화에서 얻은 정보 잘 활용하라

직장생활에서 소통과 대화를 잘하려면, 이전 만남에서 얻은 정보를 잘 정리하고 활용하도록 하라. 더욱이 계속 관계를 이어갈 상대라면, 만남에서 상대의 가족관계, 고향, 이전과 현재 거주지, 취미, 특기, 관심사, 주요 사건들, 기념일, 주요 학력과 경력 등의 사항을 잘 기억하고 메모해 두었다가 따로 〈지인 수첩〉을 만들어 잘 정리해 두도록 하자. 특히 자신과 상대와의 공통분모와 공동 관심

사는 더 소중히 정리해 두자.

이를 다음 만남에서 적극 활용하면 된다. 즉, 만나러 가기 전에 〈지인 수첩〉에 정리해 두었던 상대의 정보들을 한두 번 읽고 기억해 가서 상대와의 대화에서 십분 활용하는 것이다. 상대는 깜짝 놀라며, 나의 기억력과 관심을 칭찬하며 고마워 할 것이다. 나에 대한 상대의 호감도는 급격히 상승할 것이며, 상대와의 인간관계는 더욱 깊어질 것이다.

이렇게 이전 만남과 대화에서 얻은 정보를 잘 정리하고 활용하도록 하라. 단 몇 분의 투자가 당신뿐 아니라 상대방에게도 커다란 선물이 되어, 서로에게 만족스런 인간관계를 선사할 것이다.

> • 위에서 드린 직장생활에서의 소통 노하우, 직장생활에서의 성공 대화와 스피치, 직장생활에서의 성공 발표와 토론에 대한 지침들을 적극 활용하고 실천하기 바란다.
> • 당신은 어느새 직장의 리더로 성장할 것이며, 아울러 직장생활에서 얻는 성공과 행복은 더욱 커질 것이다.

직장생활에서 소통과 대화를 잘하려면,
만남에서 얻은 정보를
잘 정리하고 활용하도록 하자.

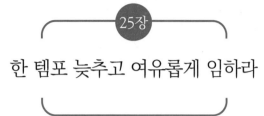

한 템포 늦추고 여유롭게 임하라

사람들마다 자주 쓰는 말투나 말버릇이 있게 마련이다. 말투나 말버릇은 의식하지 않아도 자주 하게 되는 말이다. 긍정적이고 호감을 주는 말투나 말버릇은 좋지만, 문제는 부정적이고 비호감의 말투나 말버릇이다. 이는 곧 말실수로 이어지게 마련이다.

말실수는 말을 잘못하여 저지르는 실수이다. 우리는 일상생활에서 본의 아니게 자주 말실수를 저지르곤 한다. 말실수를 한 본인도 후회막심이지만, 상대방은 적잖은 피해와 상처에 쌓일 수도 있다. 말실수는 나에게나 상대에게나 비수로 꽂힐 수 있다.

우리는 왜 말실수를 저지르곤 하는 것일까? 그런 말실수를 줄이고 예방하는 효과적 방법은 어떤 것이 있을까? 차례대로 공부하기로 하자.

말실수 부르는 섣부른 추측과 판단

최고 인기 드라마였던 〈시크릿가든〉에서 주인공 김주원과 길라임의 '거품 키스'는 유명하다. 그런데 이를 지켜본 김비서가 당시 사귀기 시작한 임아영에게 거품 키스를 따라한 결과는 어땠을까? 퍼뜩 놀란 임아영에게 뺨을 얻어맞고 물세례까지 받는 굴욕을 당한다. 왜 이런 결과를 초래했을까? 자신도 주인공 커플처럼 멋지게 키스에 성공하리라는 섣부른 추측과 판단 때문이었다.

말실수 역시 섣부른 추측과 판단에 기인하는 바가 크다. 상대의 상태와 상황을 제대로 관찰하지 않고, 자신만의 입장에서 섣부른 추측과 판단을 하여 말실수에 이른 것이다. 따라서 말실수를 줄이기 위해서는 무엇보다도 '정확한 관찰 중심의 커뮤니케이션'이 필요하다.

그런데 우리의 의식 속에는 이러한 관찰 커뮤니케이션을 방해하는 요소들이 있어 말실수를 계속 저지르게 하는 측면이 있다. 대표적으로 후광효과(일부 특성이 다른 것에도 영향 미쳐 관찰을 왜

곡), 대비오차(상대방 언행을 자신의 기준이나 가치로 평가), 스테레오 타입(고정관념에 의한 편견), 첫인상 효과(최초의 인상이 계속 영향을 미치는 것), 기억오차(기억이 차차 추상화, 부정확, 망각되는 현상) 등이 있다. 이런 요소들을 잘 이해하고, 이런 방해 요소들을 잘 극복해야 할 것이다.

따라서 말실수를 줄이기 위해선 섣부른 추측과 판단에 의한 순간적 감정 표현을 멈추고, 자세히 들으며 정확히 관찰한 뒤에 해야 될 말과 해서는 안될 말을 잘 선택해서 해야 한다.

말이 많으면 실수도 많다

말실수는 말을 너무 많이 하는 경우나, 하지 말아야 될 말까지 부지불식간에 하는 바람에 생기기 쉽다. 말은 늘 조심해야 하고, 비난과 칭찬을 경계해야 한다. 말을 제대로 삼가지 않으면 실수나 실패를 부르게 된다.

옛날 중국 한나라 때 양운이라는 사람은 '앙천부부(仰天附缶)'라는 시 때문에 허리가 잘려 죽임을 당했고, 서순이라는 사람은 장창에게 '오일경조(五日京兆, 벼슬살이가 오래가지 못할 것이라는 뜻)'라고 말했다가 시체가 저잣거리에 내걸리는 형벌을 받았다.

두 사람 모두 입을 잘못 놀려 재앙을 당하고 만 것이다.

『명심보감』「언어편」에는 풍도(馮道)의 '설시(舌詩)'를 인용하면서 말실수를 경계하고 있다. 설시는 "입은 바로 재앙의 문이고, 혀는 바로 몸을 베는 칼이네. 입을 닫고 혀를 깊숙이 감추면, 몸이 어느 곳에 있다고 해도 편안할 것이네."라는 내용을 담고 있다.

위의 고사와 고시는 결국 "말을 많이 하지 않아야 한다. 말이 많으면 실수도 많은 법이다."라는 가르침을 주고 있다. 하고 싶은 말이 있다고 해도 반드시 앞을 생각하고 뒤를 살펴서 해야 한다. 또 아무리 등 뒤에서 할 말이라고 해도 얼굴을 마주 보고 할 수 있는 말이 아니라면 아예 하지 말아야 한다. 입 밖으로 꺼낼 말이 정말 피해야 할 말이라면 끝내 입을 다물어야 한다.

한 템포 늦추고 여유롭게 임하라

일상생활에서 별 생각 없이 한 무의식적 말대꾸와 감정적 충동적 말하기가 말실수를 불러오곤 한다. 무의식적 말대꾸는 차라리 안 하는 게 낫다. 감정적 충동적 말하기는 다툼으로 번지기 쉽고, 결국 본인에게나 상대에게 상처를 주기 마련이다. 충동적 감정은 최대한 자제하도록 하자.

또 자신의 생각과 감정에만 집착해도 말실수가 는다. 대화는 나 혼자 하는 게 아니다. 상대와 공유하며 함께 하는 것이다. 따라서 늘 상대를 배려하며 상대 입장에서 생각하고 말하도록 하자.

말실수를 줄이고 예방하기 위해선 말할 때 한 템포를 늦추고 여유롭게 임하도록 하라. 또 중요한 이야기 앞에선 의식적으로 뜸을 들여라. 역시 한 템포를 늦추고 여유롭게 임하라는 것이다. 이는 나와 상대에게 여유와 준비를 주고, 내용은 더 드라마틱해지고, 가치도 높여준다. 아울러 할 말이 생각나지 않을 때도 나와 상대방을 배려하는 여유로운 쉬어가기를 활용하도록 하자.

때와 장소와 상황을 헤아려 말하라

말실수를 줄이고 예방하기 위해선 때와 장소와 상황을 가려서 말해야 한다. 말해야 할 때 말을 안 하거나, 말하지 않아야 할 때 말을 하면 당연히 말실수가 나오고 탈이 생기게 마련이다.

대화는 타이밍이 중요하다. 말해야 할 때와 말하지 않아야 할 때를 잘 헤아려 해야 한다. 타이밍, 때를 잘 구분해 임하라는 것이다.

대화는 장소가 중요하다. 말해야 할 장소와 말하지 않아야 할

감정적 말실수를 줄이고 예방하려면
우선 자신의 감정을 자제하고
상대방 입장에 서서 말하는 습관을 들여야 한다.

장소를 잘 헤아려 해야 한다. 장소를 잘 가려 장소에 맞게 임하라는 것이다.

대화는 상황이 중요하다. 말해야 할 상황과 말하지 않아야 할 상황을 잘 헤아려 해야 한다. 상황을 잘 살펴 상황에 맞게 임하라는 것이다.

감정적 말실수 줄이고 예방하는 방법

감정적 말실수는 상대를 고려하지 않고 자신의 감정에 휩싸인 채 상대방을 몰아세우거나, 사람들 앞에서 창피주거나 놀리는 경우에 주로 발생한다. 그 결과는 어떠한가? 위에서 이미 얘기했듯 감정적 충동적 말하기는 다툼으로 번지기 쉽고, 결국 본인에게나 상대에게 아픔과 상처를 주기 마련이다.

> • 감정적 말실수를 줄이고 예방하려면 우선 자신의 감정을 자제하고 상대방 입장에 서서 말하는 습관을 들여야 한다. 아울러 한 템포 늦추고 여유롭게 말하는 습관 그리고 때와 장소와 상황을 헤아려 말하는 습관도 기르도록 하자.

• 그런 습관이 들기 전까지 말실수를 줄이고 예방하는 최고의 방법은 본인과 상대를 위한 경청과 침묵일 것이다.

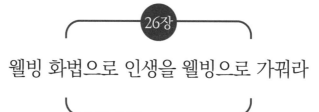

독설 화법과 웰빙 화법에 대한 이해와 활용

26장

웰빙 화법으로 인생을 웰빙으로 가꿔라

어떤 말에는 독이 흘러 기분을 상하게 한다. 또 어떤 말에는 꿀이 흘러 기분을 좋게 한다. 독이 담긴 말 독설 화법이다. 꿀이 담긴 말 웰빙 화법이다. 독설 화법은 사람을 죽이는 말이고, 웰빙 화법은 사람을 살리는 말이다.

독설 화법과 웰빙 화법에 대한 이해를 갖고, 독설 화법을 방지하고 웰빙 화법을 활용하는 방법 그리고 좋은 느낌을 주는 웰빙 화법 및 인생을 바꾸는 좋은 입버릇 갖기에 대해서 차례대로 공부하기로 하자.

심신을 해치는 독설 화법

독설은 남을 해치거나 비방하는 모질고 악독스러운 말이다. 독설을 많이 하는 사람을 독설가라고 부른다. 정말 피하고 싶은 사람일 것이다.

말에도 파동(주파수)이 있어 좋은 말은 심신의 건강에 좋고, 나쁜 말은 그 반대로 심신의 건강을 해치게 한다고 한다. 일본의 한 방송국에서 양파를 대상으로 실험을 한 적이 있다. 두 개의 유리병에 물을 붓고 양파를 올려놓은 뒤, 한쪽 양파에게는 "너무 예쁘다, 사랑스럽다."라는 긍정적인 말을 계속 해주었더니, 양파의 싹이 크고 힘차게 자라났다고 한다. 반대로 다른 쪽 양파에게는 "너무 못생겼다, 차라리 죽어버려라."라고 독설을 계속 퍼부었더니, 결국 그 양파는 제대로 자라지도 못하고 죽어 버렸다고 한다.

그 이유는 바로 말과 물의 작용에 있었다. 사람의 말에서 나온 파동(주파수)이 유리병에 담긴 물의 구조를 바꿨는데, 긍정적인 말을 했을 때의 물은 눈송이처럼 아름다운 육각수 모양이었지만, 부정적인 말에는 누렇게 오염되는 구조로 바뀌었다는 것이다. 그렇게 바뀐 물의 구조가 양파 성장에 커다란 차이를 가져온 셈이다.

여기서 중요한 사실은 인간의 몸은 70퍼센트 이상이 물이라는 점이다. 따라서 양파와 마찬가지로, 말의 주파수가 물이 대다수를 차지하는 우리의 몸 건강에 막대한 영향을 준다는 이론은 큰 설득력을 얻는다.

실제로 미국의 신경의학자이자 심리학자인 엘마 게이츠 박사는 사람이 말할 때 생기는 입김을 모아 급냉각시켰다 해동한 침전물의 색이 사람의 감정에 따라 달라진다는 것을 밝혀냈다. 평상시에는 무색이나, 사랑과 행복을 표현할 때는 핑크색, 슬픈 말을 할 때는 회색 그리고 독설을 퍼붓는 사람의 입김은 검은색에 가까운 갈색이었다는 것이다. 특히 독설 침전물에는 스트레스 호르몬인 '코르티솔'이 가득 담겨 있었다고 한다.

문제는 코르티솔이 가득 담긴 독설의 갈색 침전물을 모아 실험용 쥐에게 투여했더니, 그 쥐가 5분도 넘기지 못하고 죽었다는 사실이다. 특히 한 시간 내내 독설을 퍼부은 사람의 입김 침전물에서는 실험용 쥐 80여 마리를 죽일 수 있는 독(코르티솔)이 방출되었다고 한다.

얼마나 무서운 일인가. 독설에는 실험용 쥐를 넘어 사람을 죽일 만한 엄청난 독이 들어 있는 것이다.

독설은 이렇게 사람을 죽이는 말이다. 독설로 이루어진 화법이 독설 화법이다. 독설 화법은 결국 말하는 사람이나 듣는 사람 모두를 해치게 한다. 따라서 가능한 이런 독설 화법은 하지도 듣지도 말아야 한다.

심신을 살리는 웰빙 화법

　사람을 죽이는 독설 화법과 달리 웰빙 화법은 사람을 살리는 말이다. 실제로 "고맙습니다.", "기쁩니다.", "사랑합니다." 등의 긍정적 말은 마음을 편안하게 만들고 기분이 좋아지도록 해준다. 이때 혈액은 건강에 좋은 알칼리성으로 바뀌며 체내활동도 활발해진다고 한다.

　또한 미소나 웃음 역시 건강에 아주 좋다는 연구 결과가 많다. 바이러스로부터 우리의 몸을 지켜주는 면역세포의 활동성은 유쾌하거나 웃을 때 크게 증가한다고 한다. 많이 웃으면 통증마저 완화된다는 조사 결과도 나와 있다. 특히 기쁨의 탄성, 즉 "캬~~, 좋다!" 같은 감탄사는 웃음보다 몇 십 배나 높은 면역효과가 있는 걸로 알려지고 있다.

　그리고 간단히 접속사를 바꾸는 것만으로도 대화에 활기를 주고 심신도 건강하게 할 수 있다. '그러나', '그런데' 같은 부정적 접속사보다는 '그래서', '그리고' 같은 긍정적 접속사를 많이 사용하도록 하자. "우리 팀은 협력을 잘해. 그래서 조금만 함께 노력하면 좋은 성과를 낼 수 있을 거야!" 같은 말이 훨씬 듣기 좋고 활기도 생기게 한다.

이러한 긍정적인 말과 접속사, 미소와 웃음, 기쁨의 감탄사 등이 바로 웰빙 화법의 기초가 된다.

좋은 느낌을 주는 웰빙 화법

이어서 좋은 느낌을 주는 웰빙 화법을 계속 소개한다.

1 격려, 칭찬, 사랑의 대화를 하라.

2 상대를 배려하는 소통과 대화에 주력하라.

3 책임과 신뢰의 소통과 대화에 주력하라.

4 잘못했을 때는 솔직히 말하고 바로 사과하라.

5 변명과 호소는 가능한 하지 말고, 해야 될 때는 한번에 모아 말끔히 하라.

6 다른 사람을 비난하거나 험담하지 않는다.

7 불만을 토로하지도 말고 불평하지도 않는다.

8 굳이 위로 받으려 하지 말고, 위로를 주는 사람이 되라.

9 소통과 대화의 중심에 서고 서로를 연결해 주라.

10 소통과 대화 자체를 사랑하며 즐겨라.

이런 웰빙 화법을 통해 대화에 온기를 흐르게 하고 너와 내가 건강히 살아나도록 하자.

인생을 바꾸는 좋은 입버릇 만들기

입에 배어 굳은 말버릇을 입버릇이라고 한다. 입버릇은 자신의 감정과 성품의 무의식적 표현이자 교양과 수준의 바로미터가 된다.

여러분의 입버릇은 어떠한가?

평소에 어떤 말을 가장 많이 쓰고 있는지 스스로 점검해 보기 바란다. "아, 싫다", "피곤해 죽겠어", "짜증나 죽겠어" 등 부정적 입버릇이 많은지, 아니면 "아, 좋다", "감사해요", "사랑해요" 등의 긍정적 입버릇이 많은지 살펴보기 바란다.

우리의 자율신경계는 말을 하는 즉시 그것을 실현시키기 위해 스스로 몸과 마음을 그대로 바꾸려고 반응한다고 한다. 일종의 자기암시다. 늘 하는 말로 입에 밴 입버릇 역시 자기암시다. 그렇다면. 부정적 입버릇이 아닌 이왕이면 긍정적 입버릇으로 자기암시를 걸어야 되지 않겠는가.

늘 긍정의 말, 감사의 말, 사랑의 말을 하자.
그 좋은 입버릇대로, 그 웰빙 화법대로
우리의 인생이 좋고 아름답게 웰빙으로
풀려 갈 것이다.

인생은 자신이 하는 입버릇대로 풀리게 되어 있다. 말은 생각을 낳고, 생각은 행동을, 행동은 습관을, 습관은 인생을 낳게 되는 법이다.

- 그러하니 늘 긍정의 말, 감사의 말, 사랑의 말을 하자. 그것이 곧 웰빙 화법이다.
- 그 좋은 입버릇대로, 그 웰빙 화법대로 우리의 인생이 좋고 아름답게 웰빙으로 풀려 갈 것이다.